Healing
KITCHEN

GESUND MIT ANTIENTZÜNDLICHER ERNÄHRUNG

Für Baba. Ich hoffe, du bist stolz auf mich.

Hätte mir jemand vor 10 Jahren gesagt, »Shabnam, du wirst 2021 ein Kochbuch schreiben und deine Reise mit vielen Menschen teilen«, hätte ich vermutlich gelacht. Ich koche seit ich 8 Jahre alt war leidenschaftlich gerne, aber ein eigenes Kochbuch zu schreiben, war wohl einer meiner größten Träume. Nun habe ich diesen Traum verwirklicht und hoffe, dass alle Besitzer:innen meines Buches, viel Freude damit haben und es ihr Leben ein Stückchen bereichert. Ein Kochbuch von Anfang bis zum Ende selbst zu schreiben, ist eine unfassbar große, aber auch wundervolle Erfahrung! Ein Kopf voller Gedanken und Ideen, viele lange Arbeitstage vollgepackt mit Konzipieren, Einkaufen, Kochen, Stylen und Fotografieren, Aufräumen. Mehr als ein Jahr hat das Projekt »Healing Kitchen« von der Idee bis zur Veröffentlichung gedauert und das alles hätte ich wohl ohne die Unterstützung von meinem Mann, meiner Familie und meinen Freunden nicht geschafft. Der allergrößte Dank geht an meinen Mann Chris, der jeden Tag für mich da war. Er hat zugehört, probiert, Lob und Kritik mit einfließen lassen und hat mir Mut gemacht, wenn ich dachte, dass alles zu viel ist. Danke an meine Freundin Lee, die immer ein offenes Ohr für mich hatte und sich viel Zeit für meine Fragen genommen hat. Ein riesiges Danke an meinen »brother from another mother« Alexander Villena für die tollen Bilder, die er von mir gemacht hat. Tausend Dank auch an Anna für das wundervolle Layout und Vasiliki für die wunderschönen Illustrationen. Danke, dass ihr beide immer versucht habt meine Ideen und Wünsche umzusetzen. Zu Guter Letzt, möchte ich mich bei meinem Verlag DK und meinen wundervollen Lektorinnen Julia Sommer und Eva Hege bedanken, die immer für mich da waren und stets versucht haben, meine Ideen und Wünsche umzusetzen. Danke, dass ihr an mich geglaubt habt und ich dieses Buch gemeinsam mit euch umsetzen durfte!

Rezepte Shabnam Rebo
Texte Shabnam Rebo, Eva-Maria Hege
Foodfotografie Shabnam Rebo
Peoplefotografie Alexander Villena; Christian Rebo
Lektorat Eva-Maria Hege
Covergestaltung, Innengestaltung, Typografie, Realisation Anna Schlecker, München
Illustrationen Vasiliki Mitropoulou, München

Für den DK Verlag:
Programmleitung Monika Schlitzer
Projektbetreuung Julia Sommer
Herstellungsleitung Dorothee Whittaker
Herstellungskoordination Bettina Bähnsch
Herstellung Jenny Kolbe

ISBN 978-3-8310-4324-8

Repro Farbsatz, Neuried/München
Druck und Bindung Livonia Print, Lettland

FSC www.fsc.org MIX Papier | Fördert gute Waldnutzung FSC® C002795

www.dk-verlag.de

SHABNAM REBO »THE HUNGRY WARRIOR«

Healing KITCHEN

GESUND MIT ANTIENTZÜNDLICHER ERNÄHRUNG

Essen für das Immunsystem

Über 80 Genussrezepte

DK

6
Der erste Schritt in dein neues Leben – Vorwort

8
Let's go – der Einstieg

11
Meine Geschichte: Wie alles begann …

14
Das Immunsystem: Wie es funktioniert und was es stärkt

22
Entzündungshemmende Lebensmittel

24
Meine Immunitätsküche – Must-haves und Lieblingszutaten

28
Gewürze und Kräuter – mein Geheimtipp für eine gesunde und antientzündliche Ernährung

34
Slow Food – achtsam kochen und bewusst essen

38
Body, Mind & Soul – das Rundum-Programm für deine Gesundheit

42
Bleib am Ball – Tipps für eine dauerhafte und nachhaltige Ernährungsumstellung

44
Basics & Vorrat

60
Frühstück

94
Kleinigkeiten & Snacks

114
Hauptgerichte

160
Desserts & Gebäck

188
Register

Der erste Schritt in dein neues Leben

»Healing Kitchen« ist ein Kochbuch für alle, die ihre Ernährung und ihre Gesundheit optimieren, aber auch gewisse eingefahrene Abläufe in ihrem Leben ändern möchten.

Im ersten Moment klingt das nach (zu) viel auf einmal, ist es aber nicht. Denn es soll ganz nach deinem Tempo passieren. Ganz ohne Druck, dafür mit viel Freude an neuen Rezepten, Zutaten und Gewürzen. Ich zeige dir hier lediglich, wie vielfältig und superlecker entzündungsminimierende pflanzliche Ernährung sein kann und wie du den Start in eine Ernährungsumstellung so einfach wie möglich gestalten kannst. So eine große Umstellung soll bestenfalls nicht von kurzer Dauer sein, sondern deinen Weg auf lange Zeit positiv verändern. Besonders wichtig dabei ist es, dass du Dinge hinterfragst, dich wohl fühlst und dir ausreichend Zeit für dich, deinen Körper und deine Ernährung nimmst.

Mein Wunsch: anderen Betroffenen Mut machen

Als ich vor ungefähr fünf Jahren meine Ernährung aufgrund meiner Darmerkrankung umstellte, spürte ich zwar ziemlich schnell eine positive Veränderung. Es dauerte jedoch einige Monate, bis ich meine Ernährung für mich optimiert hatte, denn aufgrund meines akuten Krankheitszustands, dem entzündeten Darm, musste sich mein Körper erst Schritt für Schritt an die ungewohnte Ernährungsweise und neuen Lebensmittel anpassen. Es ging also nicht von heute auf morgen, sondern es war ein Prozess, der mit Erkenntnissen und Rückschlägen, aber auch mit viel Hoffnung und Wohlbefinden verbunden war. Die Veränderung und die daraus entstandenen Gefühle waren wie Retter in der Not und ich wollte sofort anderen Menschen mit gleichen oder ähnlichen Problemen Mut machen und helfen, den ersten Schritt zu wagen. So entstanden mein Blog und mein Instagram-Account »The Hungry Warrior«. Zwei Plattformen, auf denen ich bis heute fast täglich Einblicke in meine Art zu kochen und viele Rezeptinspirationen für einen achtsamen und heilenden Lebensstil gebe.

Das Zauberwort heißt bewusst

Ich werde oft gefragt, wie ich es geschafft habe, meine Ernährung umzustellen und auch dauerhaft dabei zu bleiben. Bei mir begann alles aus einer sehr verzweifelten, traurigen Lebenslage heraus. Aber so weit muss es gar nicht erst kommen. Wieso nicht schon an kleinen Stellschrauben drehen und etwas verändern, wenn es noch nicht zu spät ist? Bewusst ist hier das entscheidende Wort: Bewusst leben, einkaufen, kochen und essen. All diese Punkte sind die Basis für dein neues Leben, mit einem starken und glücklichen Körper, einem zufriedenen Geist, einer ausgeglichenen Seele und somit auch einem starken Immunsystem. Dabei darfst du nicht zu streng zu dir selbst sein, um auch dauerhaft etwas verändern zu können. Es wird Tage geben, an denen du unsicher oder sogar verzweifelt bist. Momente, in denen du vielleicht doch in alte Muster verfällst. Wenn das passiert, ist das völlig okay. Denn jedes neue Learning braucht Zeit und wie so oft im Leben wirst du auch Höhen und Tiefen erfahren. Wenn du dabei fair und nicht zu streng mit dir selbst bist, dann wirst du langfristig erfolgreich sein. Und das Beste ist: Du hast den Anfang ja schon gemacht, weil du mein Buch in deinen Händen hältst und dich mit dir und deinem Körper auseinandersetzt.

Also, bist du bereit loszulegen?

DEUS
USA

Let's go – der Einstieg

Dein neuer Weg soll dich bereichern, ermutigen und motivieren. Er soll aber auch besonders spannend und schön sein. Dafür möchte ich dir einige Basics mit an die Hand geben: Wissenswertes rund um Immunsystem und antientzündliche Ernährung, Infos zu meinen Lieblingslebensmitteln, aber auch ganz praktische Tipps für dein allgemeines Wohlbefinden.

Meine Geschichte: Wie alles begann …

Die Diagnose »Colitis ulcerosa« bekam ich 2007. Drei Wochen zuvor begannen die ersten Beschwerden mit einer vermeintlich normalen Magen-Darm-Grippe, die jedoch länger als nur einige Tage andauerte und mich ins Krankenhaus brachte.

Zu dem Zeitpunkt lebte ich in den USA und wurde völlig unerwartet aus meiner Happy-Life-Bubble gerissen. Ich hatte bis dahin noch nie von dieser Krankheit gehört und, um ehrlich zu sein, mich auch noch nie mit Krankheiten, besonders nicht mit Autoimmunkrankheiten auseinandergesetzt. Denn genau das ist Colitis ulcerosa – eine Autoimmunerkrankung des Dickdarms, sehr ähnlich zu Morbus Crohn. Das Tückische an Autoimmunkrankheiten ist, dass, wie auch der Begriff schon sagt, das Immunsystem eine maßgebliche Rolle spielt. Laut Definition ist eine Autoimmunerkrankung eine Krankheit mit Reaktionen des Körpers, denen eine gestörte Toleranz des Immunsystems gegenüber Stoffen des eigenen Körpers zugrunde liegt. Dies führt zur Bildung von Antikörpern (Autoimmunisation) und geht mit (schmerzhaften) Entzündungen einher. Bei der Colitis ulcerosa entzündet sich der Dickdarm in regelmäßigen und meist unvorhersehbaren Schüben stark. Symptome sind unter anderem starke Bauchschmerzen, krampfartige, blutige Durchfälle, Übelkeit, Erbrechen, Fieber, Appetitlosigkeit und starker Gewichtsverlust. Ich kann mich noch so gut an den Tag erinnern, als ich am Morgen der ersten Darmspiegelung von meinem damaligen Freund geduscht und angezogen wurde. Ich war so schwach, dass ich solche einfachen Dinge nicht mehr alleine bewerkstelligen konnte und für ziemlich alles auf Hilfe angewiesen war. Wir fuhren ins Krankenhaus, in dem die Darmspieglung durchgeführt werden sollte, und die Reaktion der Krankenschwester werde ich nie vergessen, als ich in Zeitlupe durch die Tür lief. Ich hatte innerhalb von drei Wochen über zehn Kilogramm Gewicht verloren, bestand nur noch aus Haut und Knochen und war dem Tod sehr nah. Sie sagte nur: »My god, sweetheart!« Nach dem Aufwachen aus der Narkose kam der Arzt und brachte mir die ernüchternden Neuigkeiten. Ich weiß noch

Colitis ulcerosa …

… ist eine Autoimmunerkrankung des Dickdarms, sehr ähnlich zu Morbus Crohn. Symptome sind unter anderem starke Bauchschmerzen, krampfartige, blutige Durchfälle, Übelkeit, Erbrechen, Fieber, Appetitlosigkeit und starker Gewichtsverlust.

ganz genau, wie ich völlig verwirrt den Arzt ansah und absolut nicht verstand, was er mir zu erklären versuchte: Das ist eine UNHEILBARE Krankheit! Ich stand absolut unter Schock und verstand die Welt nicht mehr. Meine Familie organisierte meine Rückreise nach Deutschland, denn ich war zu nichts zu gebrauchen. In München angekommen, begann sofort meine Therapie, die zum Glück schnell und effektiv anschlug. Ich lebte mich langsam wieder ein, suchte mir einen Job und begann nach einiger Zeit mein Studium der Kunstgeschichte an der LMU München. Die Schübe kamen und gingen, waren aber nie so schlimm wie der erste und ich lebte die nächsten Jahre ein beschwerdearmes Leben. Langsam trat die Krankheit völlig in den Hintergrund und ich vergaß schon fast, dass ich eine unheilbare Krankheit hatte. Gut auf der einen Seite, aber mit dem Vergessen kam auch die Unachtsamkeit meinem Körper und meiner Seele gegenüber. Das verstand ich jedoch erst viel später, denn es ging mir ja gut – dachte ich.

Mein persönlicher Wendepunkt

2016 erlebte ich eine Art Déjà-vu: Einen Krankheitsschub, der dem im Jahr 2007 stark ähnelte, nur mit dem großen Unterschied, dass mein Körper nicht mehr auf Therapien reagierte. Dieser Schub dauerte fast 1 ½ Jahre an und zermürbte mich mit kaum zu ertragenden körperlichen und seelischen Schmerzen. Ich wurde erneut aus dem Leben gerissen, musste meinen Job aufgeben, wurde Dauergast bei Ärzten und verbrachte immer wieder viele Wochen in Krankenhäusern. Ich konnte kaum noch essen, sodass mir ein Portkatheter unter die Haut implantiert wurde, um das Verabreichen von Nährlösungen und Medikamenten zu vereinfachen. Ich hatte kaum noch soziale Kontakte, bewegte mich nur noch vom Bett zur Toilette und wieder zurück. Alles, was ich so in meiner »idealen Welt« aufgebaut hatte, zerfiel plötzlich. Mein Job, Freundschaften, Hobbys und auch mein vermeintlich »perfekter« und gesunder Körper. Alles, inklusive meines jahrelangen Perfektionismus hinsichtlich meines Körperbildes, relativierte sich auf einen Schlag. Da war ich nun – krank, allein und wieder bis auf Haut und Knochen runtergehungert. Was war der Grund, dass ich wieder am gleichen Punkt angekommen war? Hatte ich meine Krankheit in eine Schublade gepackt und vergessen, wie es mir einige Jahre zuvor ging? Vielleicht nicht vergessen, eher nie einen richtigen achtsamen und liebevollen Umgang mit Körper und Seele gefunden. Meine Körperwahrnehmung und das ideale Bild meines Körpers lösten sich langsam auf. Früher war ich davon besessen, schlank und fit zu sein. Nun war ich dünn, zerbrochen und unglücklich. Ich kam aus dem Strudel von Trauer, Verzweiflung und Selbstmitleid kaum heraus, machte mir plötzlich Gedanken über Leben und Tod. Mein Zustand war kritisch und fast aussichtslos. Es wurde mir eine Kolektomie – die chirurgische Entfernung des Dickdarms – nahegelegt, um »zu überleben«. Sprich, die Entfernung des Organs, welches mich überhaupt in diese Lage gebracht hat. Eine scheinbar perfekte Lösung, aber was für eine gruselige Vorstellung. Ich war verwirrt, hatte unglaubliche Angst und konnte mich kaum mit dem Gedanken abfinden, einen künstlichen Darmausgang zu

haben sowie ohne ein essenzielles Organ zu leben. Es klang für mich mehr nach Versagen als nach einer Lösung. Ich war nicht bereit, aufzugeben, ohne gekämpft zu haben! Das liegt nämlich nicht in meiner Natur. Ich war schon immer eine Kämpferin. Was hielt mich dann jetzt davon ab, für mich und mein Leben zu kämpfen? Nichts!

»Ich fing an, auf meinen Körper *zu hören!*«

Mein Weg zurück ins Leben

Ich startete einen Versuch: Eine komplette Umstellung meiner Ernährung und die Suche nach Selbstakzeptanz, Respekt und Selbstliebe. Ich brach mit dem Gedanken »Wieso passiert mir das?«, stellte mir stattdessen die Frage »Was muss ich dafür tun, damit es mir wieder gut geht?«. Das heißt körperlich UND seelisch. Ich änderte meine Einstellung zu Essen von »Es ist Mittel zum Zweck« zu »ES nährt und heilt mich«.

Ich begann, mich mit mir und meinem Körper zu beschäftigen und ihm die Aufmerksamkeit und Liebe zu geben, nach der er so lange verlangt hatte. Als allererstes arbeitete ich an meinem Mindset, danach kam die aktive Ernährungsumstellung. Der Weg zu meiner Heilung war nicht einfach und jeder Tag erwies sich als eine neue Herausforderung. Nach den ersten Glücks- und Hoffnungsgefühlen ließ mich mein Körper im akuten Krankheitszustand immer wieder spüren, dass ich Geduld haben muss. Einige Lebensmittel, die ich heute fast täglich esse, habe ich zu diesem Zeitpunkt nicht gut vertragen, wie zum Beispiel Kichererbsen. Die vielen Ballaststoffe sowie probiotische Lebensmittel haben meinen ja immer noch entzündeten Darm aufgebläht – eine äußerst schmerzhafte Erfahrung. Ich war oft wieder verzweifelt, wusste nicht, was ich essen sollte, wie ich das alles bewerkstelligen und meinen Alltag meistern sollte. Aber all das war Teil des neuen Wegs und ich machte in kleinen Schritten weiter, denn ich war felsenfest davon überzeugt, dass das der richtige Weg ist. Daher rate ich dir: Falls du eine akute Entzündung im Verdauungstrakt hast, gib deinem Körper Zeit und nimm erst einmal Schonkost zu dir. Du kannst dann Schritt für Schritt die neuen Lebensmittel und Gerichte in deinen Speiseplan integrieren.

Mit den Ritualen, die mit dem Vorbereiten und Kochen des Essens verbunden sind, kam dann auch die Idee, Essen zu inszenieren und fotografieren. Daraus entwickelte sich für mich ein wundervoll meditatives und bereicherndes Hobby. Zugleich entwickelte sich auch ein großes Verlangen, meine Erfahrungen und Erfolge mit anderen betroffenen Menschen zu teilen, sie zu motivieren und mental zu bestärken. Das war die Initialzündung für meinen Blog »The Hungry Warrior«. Der Name steht für zwei für mich besonders wichtige Themen: meine Leidenschaft für Kochen und gutes Essen (»hungry«) und mein erfolgreicher Kampf gegen die Krankheit (»warrior«). Nach vielen erfolgreichen Jahren des Teilens und dem engen Kontakt mit den Menschen, die sich durch meine Reise inspiriert fühlen, wollte ich eine besondere Rezeptsammlung zusammenstellen. Für alle, die mich in diesen Jahren begleitet haben, und alle, die neu dazukommen. Mit »Healing Kitchen« ist ein Kochbuch und Ratgeber zugleich entstanden, der dir den Start für deine Ernährungsumstellung so angenehm wie möglich machen möchte.

Das Immunsystem: *Wie es funktioniert und was es stärkt*

Unser Immunsystem ist für so viele wichtige Prozesse im Körper zuständig, aber vor allem ist es die stärkste Waffe, die wir gegen Krankheiten haben.

Ob es »einfache« Erkältungen sind, mit denen wir zu kämpfen haben, oder aber chronische Krankheiten, wie in meinem Fall Colitis ulcerosa: Das Immunsystem ist der Grundstein für unser Wohlbefinden. Da ist es naheliegend, dass wir uns darum ganz besonders kümmern müssen. Hier kommt die Ernährung ins Spiel. Denn damit unsere Abwehrkräfte reibungslos funktionieren, benötigen sie den richtigen Kraftstoff. Im Folgenden erfährst du, welche Komponenten in einer entzündungsminimierenden und immunstärkenden Ernährung eine wichtige Rolle spielen, welche Lebensmittel du in deinen entzündungshemmenden Speiseplan integrieren kannst, welche Vitamine und Mineralstoffe das Immunsystem braucht und vieles mehr.

Bei einer antientzündlichen Ernährung stehen mehrheitlich frische und unverarbeitete Lebensmittel wie Obst, Gemüse, Nüsse, Saaten, Gewürze und Kräuter auf dem Speiseplan, die Entzündungen aktiv entgegenwirken. Parallel werden Lebensmittel, die Entzündungen fördern, vermieden wie raffinierter weißer Zucker, weißes Mehl, tierische Milch und -produkte, Fleisch und -produkte, Fertiggerichte und Lebensmittel mit Transfetten und Zusatzstoffen.

Das Immunsystem und der Darm – ein Dreamteam

Was hat denn der Darm mit dem Immunsystem zu tun? Sehr viel sogar! Wusstest du, dass bis zu 80 Prozent der Antikörper für unser Immunsystem in unserem Darm produziert werden? Und auch das Mikrobiom, also die Gesamtzahl der Bakterien im Darm, einen großen Einfluss auf unser Immunsystem hat? Vielen Menschen ist das nicht bewusst und so wird dem Darm oft zu wenig Aufmerksamkeit geschenkt. Das Thema

Darm ist zudem nach wie vor sehr tabu- und schambehaftet, sodass viele Betroffene die wiederkehrenden Symptome und/oder das Unwohlsein ignorieren, weil sie sich schämen, darüber zu sprechen. Eigentlich total absurd und traurig, wie viele Menschen ihre Gesundheit aufs Spiel setzen, nur um normativen Vorstellungen und gesellschaftlich konzipierten Tabus gerecht zu werden. Das sollte sich schleunigst ändern und vielleicht können wir gemeinsam einen Schritt in die richtige Richtung gehen. Aber nun zurück zum Darm und dazu, wie genau das Zusammenspiel mit dem Immunsystem funktioniert.

Die richtigen Zutaten für ein starkes Immunsystem

Lebensmittel setzen sich aus verschiedenen Stoffen zusammen, die wir zum Leben brauchen: die Nährstoffe. Dazu zählen die sogenannten Makronährstoffe Eiweiße, Kohlenhydrate und Fette, die an allererster Stelle als Energielieferanten dienen, aber auch für viele andere Prozesse im Körper wichtig sind. Mikronährstoffe wie Vitamine, Mineralstoffe und Spurenelemente dagegen liefern zwar keine Energie, unterstützen aber die Arbeit der Makronährstoffe. Sie tragen zudem aktiv dazu bei, das Immunsystem zu stärken und Entzündungen entgegenzuwirken.

Makronährstoffe – unverzichtbare Energielieferanten und mehr

Makronährstoffe sind komplexe Strukturen wie Eiweiße, Kohlenhydrate und Fette und bilden in ihrer Kombination die Basis jeder Ernährung. Wichtig ist jedoch, welche Nährstoffe wir zu uns nehmen und wie viel davon. Die Qualität und die Menge der einzelnen Makronährstoffe geben also den Ton an. Es sind genau diese Faktoren, die die Prozesse in unserem Körper beeinflussen. So sind Eiweiße, Kohlenhydrate und Fette nicht nur Energielieferanten und wichtig für den Energiestoffwechsel, sondern beeinflussen alle Immunfunktionen unseres Körpers.

EIWEISSE

Eiweiße spielen eine elementare Rolle für unser Immunsystem, da sie Baustoff für alle Zellen des Immunsystems sind. Bekommt der Körper zu wenig hochwertige Eiweiße aus der Nahrung, kann das langfristig zu einem Mangel führen. Mit der Folge, dass das Immunsystem geschwächt wird und dadurch Krankheiten verstärkt auftreten können. Eiweiße sind aus einzelnen Aminosäuren aufgebaut. Unser Körper benötigt 20 verschiedene Aminosäuren, wovon er elf selbst produzieren kann. Die anderen neun Aminosäuren gelten als essenziell: Wir müssen sie über die »richtigen Lebensmittel« zu uns nehmen. Vor allem tierische Eiweiße aus Lebensmitteln wie Fleisch, Milchprodukten, Eiern und Fisch enthalten die ganze Bandbreite an Aminosäuren. Aber auch Tofu, Seitan, Quinoa

Wusstest du …

… dass bis zu 80 Prozent der Antikörper für unser Immunsystem in unserem Darm produziert werden? Und auch das Mikrobiom, also die Gesamtzahl der Bakterien im Darm, einen großen Einfluss auf unser Immunsystem hat? Vielen Menschen ist das nicht bewusst und so wird dem Darm oft zu wenig Aufmerksamkeit geschenkt.

»Das Immunsystem ist der *Grundstein* für unser Wohlbefinden.«

und Buchweizen sind gute Quellen für diese besonders hochwertigen Eiweiße. Eiweiße aus Lebensmitteln, die nicht alle 20 Aminosäuren bzw. vor allem nicht die essenziellen Aminosäuren enthalten, gilt es, geschickt mit anderen Lebensmitteln zu kombinieren, um so die Wertigkeit der Eiweiße zu erhöhen. Probiere doch mal eine leckere Bowl mit gebackenen Kichererbsen und Quinoa oder ein Buchweizen-Porridge mit pflanzlichem Joghurt.

KOHLENHYDRATE

Der ungebrochene Low-Carb-Trend zeigt: Kohlenhydrate haben bei vielen von uns einen schlechten Ruf. Dabei muss man ganz klar unterscheiden zwischen schnell verdaulichen Kohlenhydraten wie Zucker, den man möglichst meiden sollte, und komplexen Kohlenhydraten, wie sie zum Beispiel in Vollkornprodukten vorkommen. Diese haben nämlich durchaus eine gesundheitsförderliche Wirkung. Zu den komplexen Kohlenhydraten zählen auch die Ballaststoffe. Sie sind ganz besonders wichtig für ein gut funktionierendes Immunsystem, denn die unzähligen Bakterien, die unseren Darm besiedeln, ernähren sich von den Ballaststoffen aus (Vollkorn-) Getreide, Hülsenfrüchten, Gemüse und Obst. Inulin zum Beispiel zählt zu diesen wertvollen Ballaststoffen. Es findet sich in Lebensmitteln wie Zwiebeln, Knoblauch, Lauch, Artischocken und Topinambur. Ein weiterer wichtiger Ballaststoff für den Darm ist resistente Stärke. Diese entsteht, wenn du stärkehaltige Lebensmittel wie Reis, Nudeln oder Kartoffeln kochst und sie dann für mindestens 12 Stunden abkühlen lässt. Danach kannst du sie wieder zum Verzehr erhitzen, denn die resistente Stärke hat sich bereits gebildet. Beta-Glucane sind eine weitere essenzielle Ballaststoffgruppe für unsere Darmbakterien. Sie fördern sogar das Wachstum der guten Darmbewohner. Haferflocken und Gerste sind gute Lieferanten für Beta-Glucane.
Wenn du dir am Abend ein Einmachglas mit Overnight Oats für den nächsten Tag machst, enthält es Beta-Glucane. Wenn du dir ein Porridge machst, es im Kühlschrank über Nacht kühl stellst und am nächsten Tag isst, nimmst du nicht nur Beta-Glucane, sondern auch resistente Stärke zu dir! Das wird deinem Darm, deinem Immunsystem und somit deinem gesamten Wohlbefinden auf Dauer guttun!

FETTE

Fett ist nicht gleich Fett. Und nicht jedes Fett ist schlecht! Dass in vielen Köpfen das Image von Fett immer noch so negativ behaftet ist, liegt vor allem daran, dass über Jahrzehnte wissenschaftliche Studien zum Thema Fett falsch interpretiert wurden. Auch die Lebensmittelindustrie hat die Anti-Fett-Kampagne befeuert, indem sie unzählige Low-Fat-Produkte auf den Markt brachte.

Nährstoffbomben

Hülsenfrüchte, Nüsse und Saaten sind wundervolle pflanzliche Quellen für hochwertiges Eiweiß, komplexe Kohlenhydrate und gute Fette. Und für mich daher absolut unverzichtbare Zutaten. Du kannst sie leicht in deinen täglichen Speiseplan integrieren – sie machen sich zum Beispiel gut in Dips oder Saucen.

Inzwischen weiß man, wie wichtig bestimmte Fette bzw. Fettsäuren (also die Bestandteile von Fetten) für unsere Gesundheit sind. Viele Funktionen unseres Körpers sind auf die Aufnahme der richtigen Fette angewiesen. Fettlösliche Vitamine wie Vitamin A oder Vitamin D können ohne Fett nicht vom Körper aufgenommen werden. Fette sind aber auch essenziell für die Regulierung des Hormonhaushaltes, die Zellteilung und die Hirnfunktion. Als besonders gesund haben sich die sogenannten Omega-3-Fettsäuren erwiesen. Sie sind reichlich enthalten in Nüssen und Saaten wie Walnüssen, Lein- und Hanfsamen, aber auch in Lein- und Rapsöl. Neben den Omega-3-Fettsäuren sind Omega-6-Fettsäuren die andere wichtige Gruppe der Omega-Fettsäuren. Sie sind Bestandteile von Zellmembranen und werden für zahlreiche Wachstums- und Reparaturprozesse im Körper benötigt. Lebensmittel wie Sonnenblumenöl, Sonnenblumen- und Kürbiskerne sowie Getreide sind reich an Omega-6-Fettsäuren. Jedoch kann ein Zuviel an Omega-6-Fettsäuren auch Entzündungsprozesse im Körper fördern. Daher sollte das Verhältnis, in dem wir Omega-6-Fettsäuren zu Omega-3-Fettsäuren konsumieren, nicht mehr als 5:1 betragen. Ich empfehle dir daher, Sonnenblumenöl nicht als Kochöl zu verwenden, da so recht schnell eine Dysbalance entsteht. Am liebsten koche ich mit Olivenöl, wegen seiner entzündungshemmenden und antiseptischen Eigenschaften und ganz besonders wegen seines fruchtig-scharfen mediterranen Geschmacks. Auch Rapsöl ist ein perfektes (Brat-)Öl, das zudem reich an Omega-3-Fettsäuren ist.

Neben den Omega-3- und Omega-6-Fettsäuren sind auch die einfach ungesättigten Fettsäuren, kurz MUFA (mono unsaturated fatty acids), essenziell für eine antientzündliche Ernährung. Zahlreiche Studien belegen, dass sie chronische Erkrankungen reduzieren können. Einfach ungesättigte Fettsäuren finden wir besonders in Oliven(öl), Avocados, Mandeln, Cashewkernen und Haselnüssen.

Mikronährstoffe – essenziell für unsere Gesundheit

Genauso wie Makronährstoffe unser Immunsystem maßgeblich beeinflussen, spielen auch Vitamine, Mineralstoffe, Spurenelemente und sekundäre Pflanzenstoffe bei einer ausgewogenen, ganzheitlichen Ernährung mit antientzündlicher Wirkung eine entscheidende Rolle. Da wir von diesen lebenswichtigen Stoffen nur wenige Mikrogramm bis Gramm pro Tag zu uns nehmen, nennt man sie auch Mikronährstoffe.

VITAMINE

Für die Immunabwehr sind nicht nur die Immunzellen, sondern auch Schleimhäute und unsere Haut zuständig. Daher müssen wir dafür sorgen, dass beides gesund ist und gut funktioniert. Vitamin A und die Gruppe der B-Vitamine sind da besonders gefragt, da sie dabei helfen, Krankheitserreger zu erkennen und abzuwehren bzw. sie überhaupt davon abhalten, in den Körper einzudringen – eben zum Beispiel über die Haut und/oder Schleimhäute.

Pflanzliche Lebensmittel enthalten zwar kein Vitamin A, aber seine Vorstufe Beta-Carotin, das im Körper bei Bedarf zu Vitamin A umgewandelt wird. Lebensmittel, die reichlich Beta-Carotin enthalten, sind zum Beispiel Karotten, Tomaten, Kürbis, Spinat und Aprikosen. B-Vitamine finden sich besonders in (Vollkorn-)Getreideprodukten, grünem Blattgemüse (zum Beispiel Grünkohl), Nüssen, Kernen und Hülsenfrüchten.

Unter den Vitaminen ist Vitamin C der bekannteste Immunbooster. Es schützt die Immunzellen vor oxidativem Stress. Dieser entsteht, wenn sich im Körper zu viele sogenannte freie Radikale (Sauerstoffradikale) befinden, die zu Zellschäden führen können. Ursachen für das Entstehen freier Radikaler sind beispielsweise eine nährstoffarme Ernährung, Rauchen und Alkoholkonsum, Umweltgifte wie Pestizide und Abgase, aber auch Schlafmangel sowie körperlicher und psychischer Stress. Daneben fördert Vitamin C die Produktion weißer Blutkörperchen, die Krankheitserreger abwehren. Das Vitamin ist besonders in Zitrusfrüchten, Brokkoli, Paprika und verschiedenen Kohlsorten enthalten.

Vitamin D ist essenziell für eine gut funktionierende Immunabwehr und dient besonders zur Vorbeugung von Autoimmunkrankheiten. Die meisten von uns kennen es als das Sonnenvitamin, weil das UV-Licht der Sonne die körpereigene Vitamin-D-Produktion anregt. Da wir aber aufgrund des Wetters in Deutschland oft zu wenig Sonneneinstrahlung ausgesetzt sind – vor allem im Winter –, kann unser Körper nicht genügend Vitamin D bilden. Da das Vitamin sonst nur in geringen Mengen und vor allem in tierischen Lebensmitteln vorkommt (fette Fische, Käse, Eigelb), ist es ratsam, Vitamin D über Nahrungsergänzungsmittel einzunehmen (am besten nach Rücksprache mit dem Arzt).

Vitamin D

Ein Mangel an dem »Sonnenvitamin« kann das Immunsystem schwächen und zu Krankheiten führen. Lass daher am besten beim Arzt deinen Vitamin-D-Spiegel ermitteln, dann weißt du genau, ob und wie viel Vitamin D du in Form von Nahrungsergänzungsmitteln zu dir nehmen solltest.

Vitamin E ist ein weiterer wichtiger Mikronährstoff, wenn es um die Minimierung oder die Hemmung von Entzündungen geht. Es wirkt unter anderem antioxidativ und schützt so die Zellen vor Alterung.

MINERALSTOFFE

Bei den Mineralstoffen unterscheidet man zwischen Mengenelementen (wie Kalzium, Kalium oder Magnesium) und Spurenelementen (wie Eisen, Jod und Zink). Dabei sind Zink und Eisen die wohl wichtigsten Mineralstoffe, die wir für unsere Gesundheit und Immunabwehr benötigen.

Zink stärkt unser Immunsystem, weil es die für die Abwehr zuständigen weißen Blutkörperchen aktiviert und die Schleimhäute schützt, die wiederum ungeliebte Eindringlinge abwehren. Das Spurenelement kann weder vom Körper selbst hergestellt noch gespeichert werden, daher müssen wir es täglich über Nahrung oder gegebenenfalls sogar über Nahrungsergänzungsmittel zu uns nehmen. Die Zinkaufnahme im Körper wird durch Phytinsäure, die besonders in Vollkornprodukten, Getreide und Hülsenfrüchten enthalten ist, gehemmt und somit die Bioverfügbarkeit des Zinks verringert. Das ist bei einer rein pflanzlichen Ernährung superwichtig zu beachten, da bei dieser viel Getreide und Hülsenfrüchte konsumiert werden. Die Bioverfügbarkeit wird aber auch durch Kalzium (zum Beispiel aus Milchprodukten und mit Kalzium angereicherten Milchersatzprodukten) und Eisen (aus Fleisch, Tofu und Hülsenfrüchten) sowie Tannine (in Tee, Kaffee und Rotwein enthalten) gehemmt. Durch Zitronensäure und Eiweiß hingegen kann die Aufnahme von Zink gefördert werden. Pflanzliche Zinkquellen sind Ölsamen wie Kürbiskerne und Sesam, Nüsse, Haferflocken, Getreide und Hülsenfrüchte. Um der Hemmung der Zinkaufnahme durch Phytinsäure entgegenzuwirken, ist es daher ratsam, Hülsenfrüchte und Getreide vor dem Kochen einzuweichen oder sogar zu keimen (mehr dazu kannst du auf S. 36f. lesen).

Eisen ist ein Baustein des roten Blutfarbstoffs (Hämoglobin) und unentbehrlich für den Transport des Sauerstoffs im Körper. Daneben spielt es bei der Blutbildung, bei der Energiegewinnung und zahlreichen weiteren Stoffwechselvorgängen eine große Rolle. Zu den pflanzlichen Lebensmitteln, die reich an Eisen sind, gehören Getreide, Hülsenfrüchte und Leinsamen. Leider kann der Körper pflanzliches Eisen nicht so gut verwerten wie Eisen aus tierischen Quellen. Phytinsäure, Kalzium, Tannine und Koffein hemmen zudem die Bioverfügbarkeit. Du kannst die Aufnahme aber verbessern, indem du eisenreiche Lebensmittel wie Haferflocken mit Vitamin-C-haltigen Lebensmitteln wie Obst kombinierst.

SEKUNDÄRE PFLANZENSTOFFE

Sekundäre Pflanzenstoffe wie zum Beispiel Flavonoide und Carotinoide haben ebenfalls einen positiven Einfluss beim Kampf gegen Krankheiten. Sie wirken unter anderem antioxidativ, entzündungshemmend und sogar immunregulierend. Flavonoide sind die Farbstoffe zahlreicher Pflanzen. Reich an ihnen sind Lebensmittel wie Äpfel, Birnen, Trauben, Beeren, Grünkohl, Auberginen, Soja, grüner und schwarzer Tee. Carotinoide sind in gelben, roten und orangen Nahrungsmitteln wie Karotten, Tomaten, Paprika, Aprikosen, Melonen, Kürbis, Süßkartoffeln etc. enthalten. Aber auch andere pflanzliche Quellen wie Hülsenfrüchte, Nüsse, Getreide, Kohl- und Rettichsorten, Kräuter und Gewürze liefern wichtige sekundäre Pflanzenstoffe, die bei einer antientzündlichen Ernährung vorteilhaft sein können.

»Don't be *eye candy*, be soul food!«

Entzündungshemmende Lebensmittel

Keine Angst – du musst dich nicht im Detail mit allen Lebensmitteln und Nährstoffen auskennen, um entzündungshemmende Lebensmittel in deinen täglichen Speiseplan integrieren zu können.

Aber du kannst dir sicher sein: Wenn du dich ein wenig mit dem Thema beschäftigst, wirst du über die Zeit auch immer mehr Wissen dazu aneignen. Um dir den Einstieg zu erleichtern, habe ich im Folgenden – als Anregung und Infoübersicht – einige meiner liebsten Zutaten aufgelistet, die auch immer wieder in meinen Rezepten vorkommen. Du kannst natürlich auch andere Lebensmittel verwenden oder sie beliebig mit anderen Zutaten kombinieren. Die folgende Auflistung hat somit keinen Anspruch auf Vollständigkeit.

GEMÜSE

- Blumenkohl
- Brokkoli
- dunkelgrünes Blattgemüse wie Grünkohl, Schwarzkohl und Spinat
- Knoblauch
- Lauch
- Oliven
- Rosenkohl
- Süßkartoffeln
- Zwiebeln

PFLANZLICHE EIWEISSQUELLEN

- Bohnen
- Erbsen
- Linsen
- pflanzlicher Joghurt und Käse
- Pilze
- Tempeh
- Tofu

OBST

- Açaibeeren
- Ananas
- Äpfel
- Brombeeren
- Granatäpfel
- Hagebutten
- Heidelbeeren
- Himbeeren
- Schwarze Johannisbeeren
- dunkle Trauben
- Zitrusfrüchte

GETREIDE UND KÖRNER

- Buchweizen
- Hafer
- Gerste
- Quinoa
- (gekeimter) Reis
- Roggen

NÜSSE UND SAATEN

- Chiasamen
- Kürbiskerne in Maßen (hoher Omega-6-Gehalt)
- Leinsamen (geschrotet)
- Sonnenblumenkerne in Maßen (hoher Omega-6-Gehalt)
- Walnüsse

GEWÜRZE, KRÄUTER UND CO.

- Basilikum
- Chili
- Grüner Tee
- Ingwer
- Kaffee
- Kakao
- Kamille
- Kurkuma
- Kreuzkummel
- Minze
- Oregano
- Salbei
- Thymian
- Zimt

Meine Immunitätsküche – Must-haves und Lieblingszutaten

Du musst nicht gleich von null auf hundert gehen und dir alles auf einmal zulegen. Probiere neue Zutaten nach und nach und schaue, welche dir am besten schmecken und dir guttun.

Wenn du dich für eine Ernährungsumstellung oder -optimierung entscheidest, empfehle ich dir, die wichtigsten Lebensmittel immer parat zu haben, um so schnell und einfach leckere Gerichte kochen zu können. Gern kannst du dich dabei von meinen Rezepten inspirieren lassen, aber auch einfach mal ohne Rezepte »loskochen«. Jetzt fragst du dich vielleicht, was denn die wichtigen Basics für eine antientzündliche Ernährung sind? Hier ein kleiner Einblick: In meinem Vorratsschrank habe ich immer Hülsenfrüchte wie verschiedene Linsen und Bohnen gelagert – sowohl in getrockneter Form in großen Gläsern abgefüllt als auch in Dosen. Daneben finden sich meine Lieblingsgetreide (wie Dinkel und Roggen) und Pseudogetreide (wie Quinoa und Buchweizen), ganze und gemahlene Nüsse, Saaten und Kerne, Sprossen- und Microgreensamen (zum Selbstziehen), verschiedene (Vollkorn-) Mehle, getrocknetes Obst und Nuss- und Samenmuse. Auch Kokosmilch und Tomaten (in Dosen) habe ich immer griffbereit, dazu Öle, Essige und getrocknete Algen. Und natürlich eine Vielzahl von Gewürzen, gemahlen und im Ganzen, sowie Kräuter. Da Gewürze und Kräuter in meinen Rezepten und für eine antientzündliche Ernährung eine besonders große Rolle spielen, habe ich ihnen einen eigenen Abschnitt gewidmet (s. S. 28ff.).

In meinem Kühlschrank befinden sich auch fast immer einige dieser Zutaten:
pflanzlicher Joghurt wie Soja- und Kokosjoghurt, Kimchi und andere fermentierte Lebensmittel wie Sauerkraut und/oder fermentierter Kohl (s. S. 52f.), Salzzitronen (s. S. 50), Tempeh und Misopaste. Eingelegtes Gemüse wie zum Beispiel Gurken, Radieschen, rote Zwiebeln und/oder Avocados (beides s. S. 54), Tofu (natur, geräuchert oder eingelegt) und diverse Gewürzpasten (Sriracha, Sambal Oelek, Senf, Meerrettich, Harissa, Tomatenmark, Tamarindenpaste), aber auch Zitrusfrüchte wie Zitronen, Limetten, Orangen und Grapefruits gibt es bei mir immer auf Vorrat. Und in meinem Tiefkühlschrank findest du stets tiefgefrorene Früchte für Smoothies und Desserts.

DINKEL
KOKOSMEHL
HEFEFLOCKEN

Im Folgenden habe ich noch mal meine liebsten Basics aus Vorrats-, Kühl- und Gefrierschrank aufgelistet:

VORRATSSCHRANK UND KÜCHE

MEHLE

- Buchweizenmehl
- Dinkelmehl
- Kichererbsenmehl
- Kokosmehl
- Mehl aus grünen Bananen (enthält Inulin!)
- Pfeilwurzelstärke
- Roggenvollkornmehl
- Süßkartoffelmehl
- Tapiokamehl
- Teffmehl
- Vollkorndinkelmehl

GETREIDE & GETREIDEPRODUKTE

- Amarant
- Basmatireis
- Buchweizen (ganz)
- (Vollkorn-)Dinkelnudeln
- Gerste
- Linsen- und Kichererbsennudeln
- Vollkornbulgur
- Vollkornreis
- Vollkornweizennudeln
- Quinoa

BOHNEN, HÜLSENFRÜCHTE & SAATEN

- Bohnen (Adzukibohnen, Kidneybohnen, schwarze Bohnen, weiße Bohnen)
- Erbsen (gelb und grün)
- Kichererbsen
- Linsen (gelb, grün und rot; Beluga- und Berglinsen)
- Mungbohnen
- Saaten (Chia-, Hanf-, Leinsamen, Sesam)
- Sojabohnen

NUSS- & SAATENMUSE, SÜSSUNGSMITTEL

- Agavendicksaft
- Ahornsirup
- Apfeldicksaft
- Tahin
- Birnendicksaft
- Cashewmus
- Dattelsirup
- Hanfmus
- Haselnussmus
- Kokosblütenzucker
- Mandelmus

CONVENIENCE-PRODUKTE (IN DOSEN, EINGELEGT, GETROCKNET)

- Artischocken (in Lake)
- Dosentomaten (ganz, in Stücken und passiert)
- Jackfrucht (in Lake und getrocknet)
- Kapern (gesalzen oder in Lake)
- Kokosmilch
- Oliven (grün, Kalamata, beides in Lake)
- Pilze (Steinpilze, Shiitake; getrocknet)
- Soja -und Sonnenblumenhack, Sojaschnetzel (getrocknet)
- Tomaten (getrocknet)

KÜHL- UND GEFRIERSCHRANK

ALTERNATIVEN FÜR MILCHPRODUKTE

- pflanzlicher Joghurt (Cashew, Kokos und/ oder Soja)
- pflanzlicher Käse aus Nüssen oder Soja
- pflanzliche (saure) Sahne aus Cashewkernen, Hafer oder Soja
- Tempeh (natur und verfeinert)
- Tofu (natur, geräuchert, mit Kräutern)

FRISCHES OBST, GEMÜSE & KRÄUTER

- Blattsalate (Babyspinat, Rucola, Kopfsalat) und bittere Salate (Endivien, Chicoree, Radicchio)
- frische Beeren (Brombeeren, Heidelbeeren, Himbeeren etc. kann man ganz gut saisonal kaufen und selbst einfrieren)
- frische Kräuter wie Petersilie, Koriander, Basilikum, Thymian
- frisches Blattgrün wie Babyspinat, Grünkohl, Schwarzkohl (je nach Saison)
- saisonales Obst und Gemüse
- Zitrusfrüchte (Zitronen, Limetten, Orangen, Grapefruits)

GEFRORENES OBST & GEMÜSE

- Bananen (für Smoothies und Desserts)
- Edamame (geschält und ungeschält)
- Erdbeeren
- Gemüsereste für Brühe
- grüne Bohnen
- grüne Erbsen
- Grünkohl
- Heidel- und Himbeeren
- Kaffir-Limettenblätter
- Mango
- Spinat

TROCKENVORRAT GEMÜSE

- Ingwer
- Kartoffeln und Süßkartoffeln
- Knoblauch
- Kurkuma
- Zwiebeln

GEWÜRZ-/WÜRZPASTEN, SAUCEN, ESSIGE & ÖLE

- Apfelessig
- Balsamico-Essig (hell und dunkel)
- getrocknete Algen (Nori-/Dulse- und Wakame-Blätter und -Flocken)
- Gewürze
- Harissapaste
- Kokos Aminos (Würzsauce)
- Leinöl
- Misopaste
- Olivenöl
- Senf (Dijon, scharf, verfeinert)
- Sojasauce
- Tamarindenpaste
- Tomatenmark
- Walnussöl

TIPP

Ich liebe es, meinen Vorratsschrank mit beschrifteten Gläsern zu bestücken. Alte Marmeladen- oder Joghurtgläser eignen sich besonders gut für Hülsenfrüchte und Nüsse.

Gewürze und Kräuter – *mein Geheimtipp für eine gesunde und antientzündliche Ernährung*

Gewürze und Kräuter spielen in meiner Küche und meinen Rezepten eine große Rolle. Um ehrlich zu sein, könnte ich mir Kochen ohne beides kaum vorstellen.

Und durch meine persischen Wurzeln wurde mir die Liebe zu Gewürzen und Kräutern förmlich in die Wiege gelegt. Sie sind nicht nur unglaublich aromatisch, vielfältig in ihren Aromen und Nutzungsmöglichkeiten und geben einen unvergleichlichen Geschmack, nein, sie haben auch positive Effekte auf Körper und Psyche. Manche Gewürze und Kräuter wirken belebend, andere beruhigend oder krampflösend, andere antiseptisch, antimikrobiell und sogar entzündungshemmend. Somit sind sie aus einer antientzündlichen Ernährung kaum wegzudenken! Ich begegne nach wie vor Menschen, die gerne kochen, aber kaum einen Bezug zu Gewürzen und Kräutern haben und zum Teil sogar Hemmungen haben, sie in Gerichten einzusetzen. Deshalb gebe ich dir hier eine kleine, aber feine Gewürz- und Kräuterkunde mit an die Hand, damit du auf einen Blick sehen kannst, welche Gewürze und Kräuter welchen Geschmack und welche Wirkung haben und für welche Gerichte sie einsetzbar sind.

GEWÜRZ	WIRKUNG	GESCHMACK	PASST GUT ZU
CHILI	· antibakteriell · entzündungshemmend · stärkt das Immunsystem · erweitert die Gefäße · fördert die Durchblutung · verdauungsfördernd · hilft bei der Fettverdauung	· sehr scharf	· Saucen · Dips · Nudelgerichten · Reisgerichten · Currys · Salaten
FENCHEL (Samen und Grün)	· antibakteriell · entzündungshemmend · krampflösend	· süßlich · anisartig · warm	· Zitrusfrüchten · Salaten · Kohlgerichten · Grillgemüse · Fenchel · Ratatouille · Paprika

GEWÜRZ	WIRKUNG	GESCHMACK	PASST GUT ZU
INGWER (frisch und Pulver)	· antientzündlich · verdauungsfördernd · hilft gegen Bauchschmerzen, Appetitlosigkeit und Übelkeit (zum Beispiel in der Schwangerschaft)	· zitronig · scharf	· Asiagerichten · Saucen · Salatdressings · Smoothies · Porridge · Schokolade · Obstsalat · Kurkuma (als Gewürzkombi)
KARDAMOM (Pulver)	· hilft gegen Magenverstimmung, Übelkeit, schlechten Atem und Blähungen	· süßlich · warm	· Desserts · warmen Frühstücksgerichten wie Porridge oder gebackenem Obst · Milchspeisen wie Milchreis und Grießbrei
KNOBLAUCH (frisch und Pulver)	· antibakteriell · antimykotisch · gut für das Herz-Kreislauf-System · blutverdünnend · hilft, Blutfette zu senken · präbiotisch	· frischer Knoblauch: würzigscharf · Knoblauchpulver: intensives Knoblaucharoma (nur in kleinen Mengen verwenden, weil konzentriert)	· Gemüse · Reis- und Nudelgerichten · Suppen · Saucen · Schmorgerichten · Dips
KORIANDER (Kraut und Körner)	· bakterienhemmend · antioxidativ · senkt das Cholesterin · fördert die Bildung von Verdauungsenzymen	· Kraut: blumig · Körner: zitronig	· Eintöpfen · Dips · orientalischen und lateinamerikanischen Gerichten
KREUZKÜMMEL (Samen)	· verdauungsfördernd · antibakteriell · entzündungshemmend · hilft gegen Magen-Darm-Krämpfe	· »rauchig« mit leichter Zitrusnote · minzig	· Zitrus (in Kombi) · Dips wie Hummus, Baba Ganoush, Kashe Bademjan · Guacamole, Salsa
KURKUMA (frisch und Pulver)	· antientzündlich · stärkt das Herz-Kreislauf-System · hilft, die Blutfette zu senken	· bitter · würzig · erdig · erinnert an den Duft von Heu	· Desserts · Porridge · (Milch-/Joghurt-) Getränken · Currys, Eintöpfen · Kürbis · Linsen

GEWÜRZ	WIRKUNG	GESCHMACK	PASST GUT ZU
PAPRIKA (Pulver)	· verdauungsfördernd · durchblutungsfördernd · Vitamin-C-reich	· süßlich bis pikant · rauchig oder scharf · erinnert an den Duft von Heu	· Paprika- und Tomatensaucen · Gulasch · süßsauren Gerichten
PFEFFER (Körner)	· antibakteriell · entzündungshemmend · antioxidativ · appetitanregend · hilft bei der Aufnahme von wichtigen Inhaltsstoffen aus anderen Lebensmitteln	· scharf · bitter	· salzigen Gerichten mit Kurkuma · Obstspeisen; wichtig auch in Kombination mit Kurkuma, um die Absorption vom Curcumin (dem entzündungshemmenden Stoff in Kurkuma) zu garantieren
SAFRAN (Fäden)	· fördert die Eiweißverdauung · belebend	· blumig, süßlich · leicht bitter	· Reisgerichten · Schmorgerichten · tomatenbasierten Saucen und Eintöpfen · Süßspeisen · Pistazien · Rosenwasser
SCHWARZKÜMMEL (Samen)	· anregend · entzündungshemmend · antiseptisch · antibakteriell · antimykotisch · tumorhemmend · cholesterinsenkend	· bitter · nussig · nach Menthol · harzig	· würzigen Gerichten · orientalischen Gerichten · Eintöpfen · Naan und anderen Fladenbroten · Aubergine · Dips
SENF (Körner)	· antibakteriell · desinfizierend · entzündungshemmend	· pfefferig · scharf · würzig	· indischen Gerichten · Dressings · Marinaden
SUMACH	· antibakteriell · antioxidativ · Vitamin-C-reich	· säuerlich · fruchtig · zitronig	· orientalischen Gerichten · Topping für Baba Ganoush, Kashke Bademjan oder Hummus · Grillgerichten · Couscous

KRAUT	WIRKUNG	GESCHMACK	PASST GUT ZU
BASILIKUM	· entzündungshemmend · krampflösend · belebend · konzentrationsfördernd	· würzig · pfeffrig · frisch · leicht herb und leicht scharf · je nach Sorte Aromen von Zitronen, Anis, Pfeffer oder Zimt	· Pesto · Saucen (zum Beispiel Tomatensauce) · Dips · Sandwiches
KAFFIR-LIMETTEN-BLÄTTER	· antibakteriell · entzündungshemmend	· zitronig · frisch	· Currys · Suppen · Ingwer · Limette · Kokos
LORBEER-BLATT (frisch und getrocknet)	· konzentrationsfördernd · appetitanregend	· zitronig · würzig · bitter · frisch	· Eintöpfen · Suppen · Saucen
MAJORAN	· antiseptisch · antibakteriell · regt den Fettstoffwechsel und die Produktion von Magensäften an	· ähnlich wie Oregano, nur etwas milder	· mediterranen Gerichten · Eintöpfen · Suppen · Reis- und Nudelgerichten · Kartoffeln
OREGANO	· antibakteriell · desinfizierend	· würzig · feinherb	· Pastagerichten · Reisgerichten · mediterranen Gerichten · (pflanzlichem) Käse · Knoblauch · Zitrone
PFEFFERMINZE	· kühlend · desinfizierend · entkrampfend (Magen und Darm)	· nach Menthol · frisch · intensiv · bitter	· orientalischen Gerichten · Salaten · pflanzlichem Joghurt · Gurke · Zitrone · Obst · Desserts · Schokolade

KRAUT	WIRKUNG	GESCHMACK	PASST GUT ZU
ROSMARIN	· leicht antibakteriell · gut für Magen-Darm-Funktionen · beruhigend · durchblutungsfördernd · stabilisiert den Kreislauf	· holzig · herb · würzig	· Aufläufen · Eintöpfen · Schmorgerichten · Ratatouille · Knoblauch · Zitrone und Orange · Tomaten · Aubergine · Olivenöl
THAI-BASILIKUM	· siehe Basilikum	· Aromen von Anis · würzig · intensiv	· thailändischen und vietnamesischen Gerichten · Nudelgerichten · Salaten · Suppen
THYMIAN (frisch und getrocknet)	· desinfizierend · antibakteriell · entzündungshemmend · antiviral · schleimlösend · hilft gegen Entzündungen (Hals, Nase, Bronchien)	· frisch: blumig, nach Menthol · getrocknet: erdig, holzig	· mediterranem Gemüse · Schmorgerichten · Suppen · Saucen · Zitrone · Honig · Steinobst
ZIMT	· antibakteriell · antimykotisch (gegen Pilze) · fördert die Produktion von Verdauungsenzymen	· süßlich · warm · holzig	· Desserts · (pflanzlicher) Milch, Sahne · Getreidespeisen wie Porridge · Steinobst · Äpfel und Birnen · Tomaten · Schokolade · Nüssen · Pilzen · Chili sin Carne · Pilz-Bolognese

Slow Food – *achtsam kochen und bewusst essen*

Als ich meine Ernährung auf eine rein pflanzliche umstellte, war mir anfangs nicht bewusst, dass ich auch andere Muster in meinen Leben ändern werde.

»Einfach nur sehen, riechen, schmecken, langsam kauen, genießen.«

Die Auseinandersetzung mit meiner Krankheit und den neuen Bedürfnissen meines Körpers stand zuerst auf der Tagesordnung, aber im Laufe der Zeit merkte ich, dass ich auch an anderen Stellschrauben drehen musste. Achtsam kochen und bewusst essen wurden immer wichtiger für mich – und so breitete sich das Thema Achtsamkeit in vielen Bereichen meines Lebens aus. Da die pflanzliche Ernährung unterschiedliche Ausrichtungen haben kann, musste ich herausfinden, was sich für mich richtig und gut anfühlte. Und das meine ich wortwörtlich: Welche Lebensmittel tun mir gut, welche nicht? Was muss ich in meiner nun pflanzlichen Ernährung noch zusätzlich einbauen oder wegnehmen, um sie zu optimieren?
Mein primäres Ziel war, meine Darmflora wieder aufzubauen. Also begann ich, Lebensmittel in meine Ernährung zu integrieren, die die Darmbakterien füttern und dabei helfen, die Schleimhäute zu regenerieren, und so ein optimales Millieu für einen glücklichen Darm schaffen. Der nächste Schritt war, auf bewusstes Einkaufen und Kochen sowie genussvolles Essen zu achten. Über die Jahre wurde mir immer klarer, wie wichtig es ist, sich mit dem Ursprung der Lebensmittel, die wir zu uns nehmen, auseinanderzu-

setzen. Aber auch mit Liebe zu kochen, denn das Essen soll uns ja nähren, heilen und glücklich machen. Und natürlich bewusst zu essen und zu kauen. Keine Ablenkungen wie ein laufender Fernseher oder Scrollen durch das Handy während des Essens. Stattdessen einfach nur sehen, riechen, schmecken, langsam kauen, genießen. Mit dem schönen Ergebnis, dass durch den bewusst langsamen Genuss auch weniger Bauchschmerzen einhergingen. Die nächste Stufe meiner achtsamen Foodreise begann dann mit dem Thema »Selbstmachen«. Fermentieren, Einlegen, Keimen waren Themen, an die ich mich langsam herantastete, aber ziemlich schnell merkte, wie wundervoll meditativ und bereichernd sie sind. Sowohl für den Körper, aber ganz besonders für die Seele.

Die guten Darmmikroben füttern

Dass der Darm eine tragende Rolle für unser Immunsystem spielt, konntest du weiter vorn schon lesen (s. S. 14). Daher ist es umso wichtiger, dass wir unserem Darm täglich gutes »Futter« geben, damit sich die Bakterien, die unser Wohlbefinden und unsere Gesundheit fördern, vermehren können – und nicht die Mikroben, die gesundheitsschädlich sind. Die »guten« Darmbewohner lieben vor allem die sogenannten Prä- und Probiotika. Zu den Präbiotika zählen die unlöslichen Ballaststoffe Inulin und Beta-Glucane (s. S. 17). Sie fördern das Wachstum und die Aktivität der gesundheitsfördernden Darmbakterien. Als Probiotika bezeichnet man Lebensmittel, die lebende Mikroorganismen wie Milchsäurebakterien enthalten. Probiotika tun dem Darm gut, indem sie bei regelmäßigem Verzehr die »schlechten« Darmbewohner verdrängen. Das bedeutet in der Praxis: Den Darm Probiotika durch Joghurt, Kimchi, Sauerkraut etc. zuführen und mit Präbiotika wie Lauch, Zwiebeln, Knoblauch, Haferflocken und Bananen füttern, dann fühlen sich die guten Darmmikroben wohl und vermehren sich ordentlich.

PROBIOTISCHE LEBENSMITTEL/PROBIOTIKA

- Apfelessig
- Joghurt aus Kokos, Soja, Cashew mit lebenden Milchsäurebakterien
- Kefir aus z.B. Soja
- Kimchi
- Kombucha
- Misopaste
- Sauerkraut
- saure Gurken
- Tempeh
- Wasserkefir

PRÄBIOTISCHE LEBENSMITTEL/PRÄBIOTIKA

- Artischocken
- (grüne) Bananen
- Haferflocken
- Knoblauch
- Lauch
- Pastinaken
- Roggen
- Spargel
- Schwarzwurzeln
- Topinambur
- Zwiebeln

Lebensmittel selbst machen ist gesund

Als kleines Kind habe ich meiner Mutter immer sehr gerne dabei zugeschaut, wie sie Gemüse und Obst einlegte und so haltbar machte. Dass diese Art Lebensmittel zu konservieren, auch einen positiven Effekt auf Körper und Seele hat, wusste ich damals noch nicht. Ich liebte es aber, heimlich in die Vorratskammer zu gehen und salzig eingelegtes Gemüse aus den Behältern zu stibitzen. Heute weiß ich, dass selbst gemachte Lebensmittel wie Joghurt, fermentiertes Gemüse (Kimchi, Sauerkraut und Co.) oder eingelegtes Gemüse wie saure Gurken und Zwiebeln nicht nur Darmflora und Immunsystem zugutekommen, sondern auch der Psyche. Der langsame Prozess, etwas zum Leben zu erwecken, hat nämlich einen sehr schönen Nebeneffekt für die Seele. Der Umgang mit den Lebensmitteln, die eingelegt oder fermentiert werden, muss behutsam und sauber geschehen, damit keine ungewollten Keime in die Behälter kommen, durch die die Produkte verderben können. Nach dem Einlegen beobachtet man täglich, wie sich mehr »Leben« in Form von Blubbern in den Einmachgläsern tummelt. Das kann sehr meditativ sein. Und das Schönste dabei ist: Genau dieses »Leben« hilft mir, gesund zu werden und zu bleiben.

Einweichen, Keimen und Sprossen ziehen

Das Einweichen und Keimen kannte ich bis vor ein paar Jahren auch nur aus meiner Kindheit. Damals waren bereits vorgekochte, in Dosen konservierte Hülsenfrüchte jeglicher Art kaum vorhanden. Auch das Keimen hatte eher einen schlechten »Öko-Ruf« bzw. war es mir von zuhause nur im Zusammenhang mit dem persischen Neujahrsfest bekannt. Dafür werden in fast jedem persischen Haushalt zum Beispiel Linsen symbolisch für »Leben« und so als gutes Omen für das neue Jahr gekeimt und zu Microgreens hochgezogen. Microgreens sind die jungen Keimlinge von kleinen Saaten wie zum Beispiel Linsen, Radieschen, Brokkoli, Bockshornklee, Senf oder Kresse – um nur einige zu nennen.

Es gibt außerdem gute Gründe, wieso Hülsenfrüchte wie getrocknete Bohnen, Kichererbsen und Linsen vor dem Kochen eingeweicht und vielleicht sogar gekeimt werden sollten. Denn durch das Einweichen werden Stoffe aus den Hülsenfrüchten »gewaschen«, die für typische Beschwerden wie Blähungen und Bauchkrämpfe sorgen, aber auch die Aufnahme der Nährstoffe hemmen. Zu diesen Stoffen zählt unter anderem die Phytinsäure. Sogar Nüsse und Getreide werden bekömmlicher und besser verwertbar, wenn sie eingeweicht werden.

Hülsenfrüchte einzuweichen ist denkbar einfach. Dafür reicht es, die zu gewünschte Menge an zum Beispiel Bohnen in einer Schüssel mit Wasser über Nacht einzuweichen. Wichtig ist, dass die Bohnen gut mit Wasser bedeckt sind, denn sie saugen etwas von der Flüssigkeit auf. Am nächsten Tag das Wasser abgießen und die Hülsenfrüchte vor dem Garen noch mal gut abspülen.

Das Keimen hat neben einer besseren Bekömmlichkeit der Lebensmittel noch einen weiteren großen Vorteil: Sprossen und Microgreens haben eine extrem hohe Nährstoffdichte im Vergleich zu ihrer Größe. Sie sind kleine Nährstoffbomben, randvoll mit Vitaminen, Mineralstoffen und sekundären Pflanzenstoffen. Am liebsten esse ich Radieschen- und Brokkoli-Microgreens auf diversen Broten, Sandwiches oder als Topping für Hummus und Salate. Sie sind einfach zu züchten, sind gesund und lecker!

Für das Keimen von Hülsenfrüchten und Saaten empfehle ich dir auf jeden Fall ein Keimglas. Das bekommst du bei gut sortierten Biomärkten oder auch im Internet. Eine Keim-App hilft noch zusätzlich dabei, das Wachstum der Keimlinge und Sprossen zu tracken, sodass du dich so immer zur richtigen Zeit um die kleinen Nährstoffbomben kümmern kannst. Beim Keimen ist es nämlich besonders wichtig, auf die Hygiene zu achten und sie mehrmals täglich zu spülen.

Wusstest du …

… dass fermentierte Lebensmittel wie Kimchi, Sauerkraut und Co. die Verdauung anregen und somit auch Verstopfung entgegenwirken? Versuche daher, sie regelmäßig in deinen Speiseplan einzubauen. Anregungen für die Zubereitung von fermentiertem Gemüse geben dir meine Lieblingsrezepte auf den Seiten 52–55.

Body, Mind & Soul – *das Rundum-Programm für deine Gesundheit*

Auf meiner Heilungsreise habe ich gelernt, dass nicht nur der Körper, sondern auch der Geist eine große Rolle für unsere Gesundheit spielt. Abgesehen von der mentalen Gesundheit, müssen Körper und Geist gemeinsam das »richtige« Programm durchlaufen und sich gegenseitig unterstützen. Was du dazu beitragen kannst, liest du im Folgenden.

Fasten – gönn deinem Darm eine Auszeit

Vor einigen Jahren las ich einen sehr spannenden Artikel über intermittierendes Fasten (Teilzeitfasten oder Intervallfasten) und das Selbstreinigungsprogramm des Körpers, das dabei abläuft. Man nennt diesen Vorgang Autophagie. Wenn der Körper eine gewisse Zeitlang keine oder weniger Nahrung als erwartet bekommt, beginnt er, alte Zellen zu recyceln. Dabei werden zum Beispiel schädliche Stoffe, die durch den Stoffwechsel entstanden sind, verwertet und alte Zellteile werden zum Aufbau neuer Eiweiße genutzt. Wenn wir unseren Körper aber ständig mit Nahrung versorgen, kann der Prozess der Autophagie nicht richtig starten. Im schlimmsten Fall kann der »Zellmüll« dann Krankheiten wie Krebs mitverursachen.

Es gibt unterschiedliche Fastenarten, darunter das Heilfasten, bei dem über mehrere Tage oder sogar Wochen nichts Festes gegessen wird, sowie das intermittierende Fasten, zu dem unterschiedliche Methoden zählen. Die wohl bekannteste und beliebteste Methode ist das 16:8-Prinzip. Dabei dauert die Essenphase 8 Stunden und die Ruhepause 16 Stunden an. Wenn du zu fasten planst, solltest du idealerweise deinen Arzt zu Rate ziehen, ob Fasten für dich geeignet ist. Und wenn ja, welche Methode. Und generell empfehle ich, immer auf seinen eigenen Körper und die Signale zu hören. Wenn du an einem Tag gut durch die 16 Stunden Esspause kommst, dafür am nächsten Tag nicht so, dann ist das okay – es sollte nicht erzwungen werden.

Bewegung und Schlaf – das Powerduo für ein starkes Immunsystem

Bewegung in jeglicher Form ist gut für unser Immunsystem. Auch wenn du nicht regelmäßigen Sport treibst oder zum Beispiel aus Zeitgründen treiben kannst, solltest du zumindest darauf achten, dass du dich täglich genügend bewegst. Mit dem Fahrrad zur Arbeit oder zur Uni, einen gemütlichen Walk vom Office nach Hause, statt die U-Bahn zu nehmen, oder eine Laufrunde am Sonntagmorgen zum Bäcker und zurück – die regelmäßige Bewegung ist das, was wichtig ist. Besonders, weil sich viele Berufe in unserer Zeit zu absoluten Bürosessel-Jobs entwickelt haben, wir also den ganzen Tag sitzen. Das führt zudem oft zu Fehlhaltungen, Verspannungen und Schmerzen. Nicht umsonst heißt es neuerdings von Experten: Sitzen ist das neue Rauchen. Bewegung, besonders an der frischen Luft, ist gut für die Muskulatur und die Gelenke, für Organe wie Herz und Hirn, aber auch für die mentale Gesundheit und zum Stressabbau. Die beim Sport ausgeschütteten Glückshormone sorgen zudem für gute Laune und einen erholsamen Schlaf! Schlaf ist das richtige Stichwort: Denn der ist genauso wichtig wie Bewegung. Ein andauernder Schlafmangel äußert sich nicht nur in Müdigkeit, weniger Leistungsfähigkeit, Kopfschmerzen und Gereiztheit, sondern kann sich auch auf die mentale und körperliche Gesundheit auswirken. Das Immunsystem wird geschwächt und so anfälliger für Infekte und Entzündungen. Und auch das Risiko für Herz-Kreislauf-Erkrankungen, Übergewicht und Diabetes steigt.

WIE KANNST DU FÜR EINEN BESSEREN SCHLAF SORGEN?

Hier ein paar einfache Tipps für dich:

- Starte Rituale, die dir guttun, wie zum Beispiel feste Tage, an denen du früher ins Bett gehst.
- Versuche etwa drei Stunden vor dem Schlafen nichts mehr zu essen. Die Verdauung fährt am Abend nämlich herunter, spätes Essen kann kaum noch richtig verwertet werden und liegt dann nachts schwer im Magen.
- Elektronischer Detox! Schaue etwa eine Stunde vor dem Zubettgehen kein TV mehr, schalte dein Handy aus und lege es, wenn möglich, in einen anderen Raum.
- Trink einen beruhigenden Tee aus Kamille oder Lavendel oder eine entspannende Kamillen-Rosen-Moonmilk (s. S. 65) vor dem Schlafengehen.
- Vielleicht helfen dir auch CBD-Tropfen (mit Melatonin) oder ein Melatonin-Spray, um schneller und besser einzuschlafen.
- Meditations-Apps können dabei unterstützen, die Gedanken des Tages »aufzulösen« und dich so schneller einschlummern zu lassen.

Mentale Stressbewältigung und Mindset
Stress hat heutzutage fast jeder von uns. Daher ist es wichtig, den richtigen Umgang damit zu erlernen und so negativen Stress weitestgehend zu reduzieren. Stress kann auf Dauer nicht nur unser Mindset und so unsere mentale Gesundheit, sondern auch das körperliche Wohlbefinden negativ beeinflussen. Yoga, Meditation und autogenes Training sind die gängigsten Methoden zur Stressbewältigung. Aber auch hier solltest du für dich selbst entscheiden und herausfinden, was dir guttut und was nicht.
Was mir auf meinem Weg noch eine große Stütze war und immer noch ist, ist die Psychotherapie. Zu Beginn war ich sehr skeptisch und der Gedanke, eine Therapie zu machen, war sehr unangenehm und fremd. Heute bin ich sehr dankbar, dass ich mich doch dafür entschieden habe, denn es hat mein Leben verändert. Jeden Tag arbeite ich an festgefahrenen Verhaltensmustern und Denkweisen, die mich auf Dauer belasten und mich daran hemmen, mein Leben mit Leichtigkeit zu leben. Ich habe gelernt, mich und meinen Körper mehr wertzuschätzen und zu lieben. Mit kleinen, aber effektiven Methoden wie dem Aufsagen von Affirmationen habe ich mehr Selbstakzeptanz und Selbstliebe gelernt. Davon profitiere ich, aber auch mein Umfeld, denn wer mehr Nachsicht, Empathie, Akzeptanz und Liebe für sich selbst empfindet, kann das auch ausstrahlen und weitergeben.

Lachen, lieben, glücklich sein
Einer der besten Ratschläge für ein gesundes Immunsystem: Sei glücklich! Die Rechnung ist nämlich ganz einfach: Wenn Stress uns krank macht, dann muss das Gegenteil davon doch unsere Gesundheit pushen. Etwa 90 Prozent des »Glückshormons« Serotonin werden im Darm produziert, also dort, wo sich ein Großteil unseres Immunsystems befindet. Wenn wir uns also darum bemühen, Stress zu reduzieren, uns richtig zu ernähren, uns zu bewegen, ausreichend und gut zu schlafen und mehr Dinge zu tun, die uns glücklich machen, dann ist das die perfekte Mischung für unser Rundum-Wohlbefinden. Tue also Dinge, die dich glücklich machen, die dich zum Lachen bringen, die dir einfach guttun. Keine Ernährungsumstellung, keine gesundheitsfördernden Lebensmittel, keine Medikamente allein werden dir helfen, wenn du nicht glücklich und zufrieden bist. Das habe ich in der schlimmsten Zeit meiner Krankheit gelernt und versuche es jeden Tag umzusetzen. Treffe dich mit Menschen, die dich positiv inspirieren und mit denen du lachen kannst. Mach einen langen Spaziergang oder lies ein schönes Buch, beginn ein neues Hobby (oder lass ein altes wieder aufleben) oder eine Sportart ... Was auch immer in dir Glückgefühle erzeugt, dich zum Lachen bringt oder dir das Gefühl von Zufriedenheit und Glück gibt – tue es! Für dich, für deinen Körper und für deine Seele.

»Tue Dinge,
die dich glücklich machen,
die dir einfach
guttun.«

Bleib am Ball – *Tipps für eine dauerhafte und nachhaltige Ernährungsumstellung*

Schaffe Raum in deiner Küche – und in deinem Kopf. Sortiere alles aus, was dich belastet, und mache Platz für die Lebensmittel, die dich auf deinem neuen Weg begleiten sollen. Kaufe dir schöne Behälter für deinen Vorratsschrank und eine Label-Maschine, um alles nett zu beschriften. Bento-Boxen oder Vorratsdosen helfen dir auch dabei, Mealprep fürs Büro oder unterwegs zu machen und so besser am Ball zu bleiben.

Probiere Neues aus wie zum Beispiel Fermentieren, Einlegen oder Microgreens züchten. Das Gefühl, etwas wachsen und leben zu sehen, wird dir Freude bereiten.

Lege dir ein Ernährungstagebuch an, um dir Wichtiges aufzuschreiben: Welche Lebensmittel verträgst du gut, welche verursachen eher Beschwerden? Wann hattest du ein Erfolgserlebnis? Wann fühltest du dich alleingelassen, traurig oder frustriert?

Besorge dir schöne Themenkochbücher, um neue, aufregende Lebensmittel und Rezepte auszuprobieren. Gehe auf den Wochenmarkt, um dich von der saisonalen Obst- und Gemüsevielfalt inspirieren zu lassen. Lebensmittelgeschäfte wie asiatische oder orientalische Supermärkte sind auch wundervolle Inspirationsquellen für außergewöhnliche Zutaten und Gerüche.

Nimm dir Zeit fürs Kochen und Essen und lass deine Sinne die Gerüche und Farben wahrnehmen. Kaue bewusst und höre entspannende Musik, statt den Fernseher beim Essen laufen zu lassen.

Iss nach dem Motto »Eat the Rainbow«. Je bunter deine Mahlzeiten sind, desto größer ist die Nährstoffvielfalt. Außerdem macht buntes Essen glücklich!

Hab immer gesunde Snacks wie Nüsse, zuckerfreie Nuss-Obst-Riegel oder eine Box mit Obst für den Notfall dabei.

Ab und zu essen gehen ist vollkommen in Ordnung! Speichere dir am besten in deinem Handy Restaurants, die Essen auf der Karte haben, das zu deiner neuen Ernährungsweise passt.

Bist du in den sozialen Medien aktiv? Dann folge und vernetze dich mit Menschen, die dich inspirieren und dich auf deiner neuen Reise bestärken. »Entfolge« allen, die dich negativ beeinflussen. Auf Pinterest kannst du auch Boards für wohltuende Rezepte erstellen.

Basics & Vorrat

Achtsam zu kochen und zu genießen ist mir sehr wichtig, daher ist das Selbstherstellen von Gewürzmischungen, -pasten, fermentiertem Gemüse etc. fester Bestandteil meiner Küche geworden. Ich profitiere davon täglich, denn mit diesem Vorrat kann ich Gerichte schnell verfeinern und Körper und Seele gleichzeitig noch etwas Gutes tun.

Heilende Pilzbrühe

Ergibt etwa 2 l

Für die Brühe:

40 g getrocknete Shiitake-Pilze
170 g Karotten
150 g Lauch
180 g Zwiebeln
1 mittelgroße Bio-Knoblauchknolle
30–40 g Bio-Ingwer
20–25 g Bio-Kurkuma (oder 1 TL gemahlene Kurkuma)
200 g gemischte frische Pilze (z. B. Austernpilze, braune Champignons)
3 EL natives Olivenöl extra
2 EL helle Misopaste
3 EL Sojasauce
1 TL schwarze Pfefferkörner
2 getrocknete Lorbeerblätter
30 g Kräuter nach Wahl (z. B. Koriandergrün, Kerbel, Thymian)
30 g Kombu (Kelp, Braunalge; am Stück)
Salz (nach Belieben)

Außerdem:

1 Teesäckchen
1 Kaffeefilter
2 große Einmachgläser mit Deckel

1 – Shiitake-Pilze in heißem Wasser etwa 20 Minuten einweichen. Karotten schälen und grob in Scheiben schneiden. Lauch putzen, waschen und in Ringe schneiden. Zwiebeln schälen und halbieren. Knoblauchknolle halbieren. Ingwer und Kurkuma waschen und längs halbieren. Frische Pilze putzen und grob in Stücke schneiden.

2 – In einem großen Topf (3–4 l Fassungsvermögen) das Öl bei mittlerer Temperatur erhitzen. Zuerst Zwiebel-, Knoblauch-, Ingwer- und Kurkumahälften mit den Schnittflächen in das heiße Öl legen, dann die frischen Pilze ebenfalls in den Topf geben.

3 – Eingeweichte Pilze gut ausdrücken (Einweichflüssigkeit aufbewahren) und ebenfalls mit anbraten, bis Röstaromen entstehen. Karotten und Lauch dazugeben und mit anbraten. Nach ein paar Minuten die Misopaste hinzufügen, mit Sojasauce und 2 ½–3 l Wasser ablöschen. Pfeffer, Lorbeerblätter und holzige Kräutersorten in das Teesäckchen geben. Kombu gegebenfalls halbieren und mit Gewürzsäckchen und restlichen Kräutern zur Brühe geben. Die Temperatur reduzieren und die Brühe bei halb aufgelegtem Deckel bei mittlerer Hitze mindestens 1 Stunde köcheln lassen.

4 – Die Pilz-Einweichflüssigkeit durch den Kaffeefilter filtern und zur Brühe geben. Wenn die Brühe gut Geschmack angenommen hat, mit einem Holzlöffel das weichgekochte Gemüse, insbesondere den Knoblauch, zerdrücken, um Säfte in die Brühe zu bringen. Brühe durch ein Sieb gießen. Nach Belieben mit Salz abschmecken.

Würzpaste

Ergibt etwa 700 g

die gekochten Zutaten aus der Pilzbrühe (s. oben)
Salz

Außerdem:

1 großes Einmachglas mit Deckel

1 – Die gekochten Zutaten aus der Pilzbrühe nach dem Abgießen in der Küchenmaschine mit 1 EL Salz je nach Geschmack etwas grober oder feiner pürieren.

2 – Das Püree in ein steriles Glas schichten, dabei mindestens 1 weiteren EL Salz dazugeben. Je mehr Salz hinzugefügt wird, desto haltbarer wird die Brühpaste, aber bestimmt dann auch den Salzgehalt in den jeweiligen Gerichten. Am besten noch ein wenig Salz auf die Oberfläche der Brühpaste im Glas geben.

Milde Currypaste

Ergibt etwa 2 Gläser (à 180 g)

3 Schalotten
2 EL natives Olivenöl extra
3–4 Frühlingszwiebeln
3 Stängel Zitronengras (nur das weichere Innere; das Holzige für Tee etc. aufbewahren)
1 Stück Ingwer, geschält (etwa 5 x 5 cm)
4 Kaffir-Limettenblätter
abgeriebene Schale von ½ Bio-Limette
½–1 Jalapeño
1 Stück Kurkuma, geschält (etwa 9 x 2 cm)
8 geröstete Knoblauchzehen (s. S. 50)
1 TL gemahlener Koriander
1 TL gemahlener Kreuzkümmel
1 EL helle Misopaste
½ TL Salz
1 ½ EL Kokosblütenzucker

1 – Die Schalotten schälen, halbieren und in einer Pfanne mit 1 EL Öl auf den Schnittflächen anrösten. Mit den restlichen Zutaten in der Küchenmaschine oder im Mixer so lange mixen, bis eine Paste entstanden ist.

2 – Die Currypaste in zwei sterile Gläser abfüllen, verschließen und im Kühlschrank aufbewahren. Die Paste hält etwa 2 Wochen. Zum Würzen von Currygerichten 2–3 EL der Paste verwenden.

Kurkuma-Chai-Gewürz

Ergibt etwa 70 g

6 EL gemahlene Kurkuma
5 TL gemahlener Zimt (Ceylon)
3 TL gemahlener Kardamom
2 TL gemahlener Ingwer
½ TL Pfeffer aus der Mühle

1 – Alle Zutaten in einer Schüssel mischen und in ein Glas abfüllen. Trocken aufbewahren. Je nachdem wie frisch die Gewürze sind, hält die Mischung etwa 6 Monate.

2 – Das Gewürz verfeinert zum Beispiel den Goldenen Süßkartoffel-Tahin-Shake (s. S. 63), das Kurkuma-Chai-Porridge (s. S. 69) oder auch Pfannkuchen oder Smoothies.

PISTAZIEN-WALNUSS-
DUKKAH
KOKOS-FURIKAKE MIT
SCHWARZEM SESAM

Pistazien-Walnuss-Dukkah

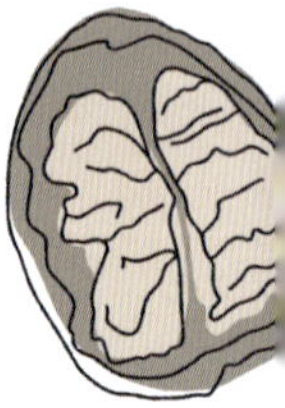

Ergibt etwa 100 g
40 g Walnusskerne
40 g geschälte ungesalzene Pistazienkerne
2 TL Korianderkörner
2 TL Kreuzkümmelsamen
1 TL Fenchelsamen
1 TL Schwarzkümmelsamen
1 TL gemahlener Sumach
½ TL Chiliflocken
¼ TL gemahlene getrocknete schwarze Limetten (nach Belieben; aus dem arabischen oder türkischen Feinkostladen)
1 TL Salz
1 TL Pfeffer aus der Mühle

1 – Nüsse und Gewürze in einer Pfanne ohne Fett anrösten, dann komplett abkühlen lassen und anschließend im Mörser grob zerstoßen, bis eine bröckelige Mischung entstanden ist. (Einige der Gewürze werden noch ganz sein.) Dann Salz und Pfeffer untermischen und das Dukkah in ein steriles kleines Schraubglas füllen.

2 – Das Dukkah hält luftdicht verschlossen etwa 1 Monat. Es passt als Topping für Hummus, Aufstriche (zum Beispiel Karotten-Walnuss-Aufstrich, s. S. 101), Salate oder gebratene Gnocchi.

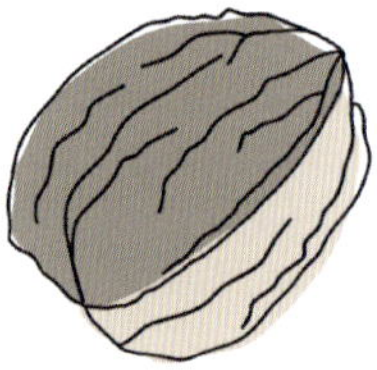

Kokos-Furikake
mit schwarzem Sesam

Ergibt etwa 100 g
40 g Kokoschips
50 g schwarzer Sesam
1–2 EL Noriflocken
1–1 ½ TL Salz
1 Msp. gemahlene Kurkuma (nach Belieben)
1 TL Pfeffer aus der Mühle

1 – Kokoschips und Sesam in einer Pfanne ohne Fett leicht anrösten, dann abkühlen lassen. Anschließend im Mörser leicht zerstoßen (alternativ einfach etwas hacken) und mit den restlichen Zutaten mischen. Die Gewürzmischung in ein steriles kleines Schraubglas füllen.

2 – Das Kokos-Furikake hält luftdicht verschlossen etwa 1 Monat. Es schmeckt als Topping für Suppen, Currys (zum Beispiel Frühlingscurry, s. S. 145), Sushi, gebratene Nudeln oder Nudelsalate.

Eingelegte Salzzitronen

Ergibt 6–8 Stück (1 Einmachglas mit mindestens 1 l Fassungsvermögen)
6–8 Bio-Zitronen
Saft von 1 Zitrone
etwas gröberes Salz
1 Lorbeerblatt

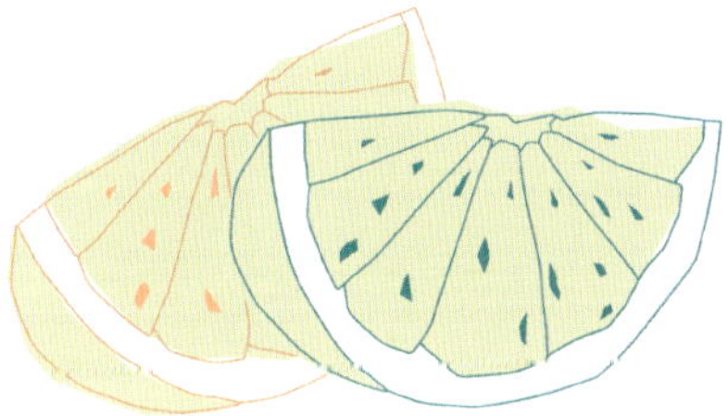

1 – Die Zitronen heiß waschen, trocken reiben und mit einem Messer kreuzweise von oben nach unten einschneiden, aber nicht komplett durchschneiden. Pro Zitrone 1 gehäuften EL Salz in den Schlitz hineingeben.

2 – Die Zitronen in ein großes steriles Einmachglas geben, dabei jede Zitrone mit dem Stößel oder Holzlöffel nach unten drücken, sodass der Saft austritt.

3 – Zuletzt Zitronensaft, 1 extra EL Salz und das Lorbeerblatt ins Glas geben, verschließen und die Salzzitronen an einem kühlen, dunklen Ort (aber nicht im Kühlschrank) mindestens 3 Wochen durchziehen lassen (fermentieren). Danach im Kühlschrank aufbewahren.

4 – Die Salzzitronen halten mehrere Monate. Sie verfeinern als Topping zum Beispiel den Kichererbsen-Hummus (s. S. 100), aber auch Couscous- und Bulgurgerichte, Eintöpfe und Salate.

Ganzer gerösteter Knoblauch

Ergibt 1 Stück
4 sehr große Knoblauchknollen (350–400 g)
70 ml natives Olivenöl extra
Salz

Köstliche Brotzeit: Auf gegrilltem Brot etwas gerösteten Knoblauch streichen, mit Tomatenstücken und Basilikum toppen, mit Chiliflocken, Salz und Pfeffer würzen und mit Olivenöl beträufeln. Yummy!

1 – Den Backofen auf 180 °C vorheizen.

2 – Die Knoblauchknollen waschen, trocken reiben und an der oberen Seite anschneiden, sodass die Knoblauchzehen offen liegen.

3 – Die Hälfte des Öls in eine Auflaufform geben, die Knoblauchknollen mit der Schnittseite nach unten hineinlegen, mit dem restlichen Öl beträufeln und etwas Salz darüberstreuen.

4 – Knoblauchknollen im Ofen (Mitte) 35–45 Minuten rösten. Die Knollen müssen sehr weich sein, dann sind sie fertig. In ein Schraubglas füllen und im Kühlschrank aufbewahren.

5 – Der geröstete Knoblauch hält 2–3 Wochen. Er verfeinert die Linguine mit ofengeschmorten Tomaten (s. S. 138), den Karotten-Walnuss-Aufstrich (s. S. 101) sowie Pastasaucen, Dips und Aufstriche.

EINGELEGTE
SALZZITRONEN
GANZER GERÖSTETER
KNOBLAUCH

Apfel-Kurkuma-Kraut

Ergibt etwa 600 g (1 Einmachglas mit mindestens 1 l Fassungsvermögen)

500 g Spitzkohl
Salz
1 ganzer kleiner Apfel, in Würfel geschnitten
1 TL gemahlene Kurkuma
1 TL Kümmelsamen
Pfeffer aus der Mühle

1 – Zuerst alles, was mit den Zutaten in Berührung kommt (Einmachglas, Mixerbehälter, Messer, Schäler, Löffel etc.), heiß abspülen und auf ein sauberes Brett oder Küchentuch legen.

2 – Den Spitzkohl waschen und putzen. 2 Kohlblätter entfernen und beiseitelegen. Den Kohl in feine Streifen schneiden, wiegen, in eine Schüssel geben und mit Salz bestreuen (2 % des Gewichtes, zum Beispiel bei 480 g Kohl etwa 10 g Salz). Das Salz etwas einmassieren und den Kohl zugedeckt etwa 4 Stunden stehen lassen.

3 – Dann die Kohlstreifen gut ausdrücken und mit Apfelstücken, Kurkuma, Kümmel und Pfeffer mischen. Portionsweise in das sterile Einmachglas geben und jede Schicht mit der Hand gut herunterdrücken, damit Luftlöcher vermieden werden. Die 2 restlichen Kohlblätter auf die Oberfläche legen und festdrücken, damit die Oxidation weitestgehend vermieden wird. Gegegebenfalls einen Beschwerer (zum Beispiel von Fairment) oben drauflegen.

4 – Das Apfel-Kurkuma-Kraut mindestens 2–4 Wochen an einem kühlen, dunklen Ort (aber nicht im Kühlschrank) durchziehen lassen (fermentieren). Dabei alle paar Tage kurz Luft entweichen lassen, da Gase entstehen. Nach der Fermentationszeit das Kraut im Kühlschrank lagern. So hält es mehrere Wochen bis Monate.

Mein Lieblings-Kimchi

Ergibt etwa 1 kg (1 großes Einmachglas mit 2 l Fassungsvermögen)

Für das Gemüse:
etwa 700 g Chinakohl
Salz
1 mittelgroße Karotte
4–5 Radieschen
2–3 Frühlingszwiebeln

Kimchi-Würzpaste:
4 Knoblauchzehen, geschält
1 Stück Ingwer (etwa 4 cm), geschält
50 g Apfel, gewaschen und entkernt
1 EL helle Misopaste
2 TL Dattelsirup
20–40 g Gochucaru-Chilipulver (je nach Schärfeempfinden)
½ TL gemahlene Kurkuma
Pfeffer aus der Mühle
Salz

1 – Zuerst alles, was mit den Zutaten in Berührung kommt (Einmachglas, Mixerbehälter, Messer, Schäler, Löffel etc.), heiß abspülen und auf ein sauberes Brett oder Küchentuch legen.

2 – Den Kohl waschen und putzen. 2 Kohlblätter entfernen und für später aufbewahren. Den Kohl in etwas größere Stücke schneiden, wiegen, in eine Schüssel geben und mit Salz bestreuen (2 % des Gewichtes: bei 670 g Kohl 13 g Salz). Das Salz mit sehr sauberen Händen etwas einmassieren. Die Schüssel mit einem sauberen Küchentuch abdecken und mindestens 1–2 Stunden stehen lassen.

3 – Für die Kimchi-Würzpaste alle Zutaten (bis auf Salz) in den Mixer geben und gegebenenfalls mit etwas Wasser (50 ml) fein pürieren.

4 – Den Kohl gut ausdrücken und probieren: Wenn er zu salzig ist, mit kaltem Wasser abspülen, erneut sehr gut ausdrücken und abtropfen lassen. Mit einem sauberen Tuch etwas trocken tupfen und zurück in die Schüssel geben.

5 – Die Karotte putzen, schälen und in feine Streifen oder Ringe schneiden. Die Radieschen und die Frühlingszwiebeln putzen, waschen und in feine Scheiben bzw. Ringe schneiden, die Frühlingszwiebeln in Ringe schneiden und zum Kohl geben.

6 – Die Würzpaste zum Gemüse geben und mit sehr sauberen Händen (gegebenenfalls mit Handschuhen, um Verfärbungen zu vermeiden) einmassieren, bis alles mit der Paste bedeckt ist. Die Kimchi-Mischung mit etwa ½ TL Salz bestreuen, noch einmal gut durchmischen, dann portionsweise in das sterile Einmachglas geben und jede Schicht mit der Hand gut runterdrücken, damit Luftlöcher vermieden werden und alles in der Würzmischung ist. Die 2 restlichen Kohlblätter auf die Oberfläche legen und festdrücken, damit die Oxidation weitestgehend vermieden wird.

7 – Das Kimchi bei Raumtemperatur 3–5 Tage fermentieren lassen. Dabei nach 3 Tagen eine Probe entnehmen und probieren, ob die säuerlich-fermentierte Note schon gefällt, ansonsten noch 1–2 Tage weiter fermentieren lassen. Das Kimchi hält im Kühlschrank mindestens 1 Monat. Kimchi immer nur mit einem sauberen Besteck entnehmen und das Glas wieder gut verschließen.

Pickled Avocado

Ergibt etwa 300 g (1 mittelgroßes Einmachglas)
280–300 g feste, unreife Avocados (etwa 1 ½ Avocados)
1–2 Stängel Koriandergrün (Stängel und Blätter)
1 Knoblauchzehe
½–1 frische grüne Jalapeño (oder Chili nach Wahl)
150 ml Apfelessig
Salz
1 TL Apfeldicksaft
½ TL Kreuzkümmelsamen

1 – Die Avocados halbieren, den Stein entfernen und das Fruchtfleisch aus der Schale lösen. Fruchtfleisch in Spalten schneiden. Koriander waschen und trocken tupfen, die Blätter abzupfen und fein hacken. Knoblauch schälen und in feine Scheiben schneiden. Jalapeño waschen, entkernen und in feine Ringe schneiden.

2 – Alles in das sterile Einmachglas geben, Essig, 150 ml heißes Wasser, 1–1 ½ TL Salz, Apfeldicksaft und Kreuzkümmel dazugeben und das Glas verschließen. Die Avocadospalten im Kühlschrank mindestens 1 Tag marinieren.

3 – Die Pickled Avocado halten im Kühlschrank etwa 2 Wochen. Je länger die Avocadospalten eingelegt sind, desto weicher werden sie, daher empfehle ich, sie schnell aufzubrauchen. Wichtig ist: Immer eine saubere Gabel zum Entnehmen der Avocadospalten verwenden, damit keine Keime in das Glas kommen und so die Haltbarkeit beeinträchtigt wird.

Eingelegte rote Zwiebeln

Ergibt etwa 200 g (1 Einmachglas mit mindestens 700 ml Fassungsvermögen)
Salz
2 TL Apfeldicksaft
200 g rote Zwiebeln
150 ml Apfelessig
½–1 TL ganze Gewürze (z. B. Pfefferkörner, Korianderkörner, Kreuzkümmelsamen und/oder Fenchelsamen – je nach Verwendungszweck und Geschmack variieren

1 – 150 ml heißes Wasser in das sterile Einmachglas füllen, 1 TL Salz und den Apfeldicksaft dazugeben und gut verrühren, bis sich das Salz komplett aufgelöst hat. Die Mischung abkühlen lassen.

2 – Die Zwiebeln schälen, halbieren und in feine Scheiben schneiden. Mit Essig und Gewürzen in das Glas geben und umrühren. Das Glas verschließen und die Zwiebeln im Kühlschrank durchziehen lassen. Die eingelegten Zwiebeln sind nach etwa 24 Stunden verzehrfertig und halten im Kühlschrank etwa 2 Wochen.

3 – Wichtig ist: Immer eine saubere Gabel zum Entnehmen der Zwiebeln verwenden, damit keine Keime in das Glas kommen und so die Haltbarkeit beeinträchtigt wird.

TIPP

Die Zwiebeln passen zu fast allen Sandwiches, Salaten, Tacos, Hummus … Ich habe fast immer ein Glas im Kühlschrank – so wird auch eine einfache Stulle zu einem spannenden Snack.

TIPP

Pickled Avocado schmeckt super in Sandwiches oder als Topping zu Tacos oder Salaten. Gern serviere ich sie auch zu meinem Jackfrucht Ragout (s. S. 153).

TIPP

Die wertvollen probiotischen Bakterien können auf Metall reagieren und dadurch an Wirksamkeit einbüßen. Daher zum Unterrühren einen Holz- oder Plastiklöffel verwenden.

Selbst gemachter Kokosjoghurt

~

Ergibt etwa 400 g (bei 80 % Kokosanteil)
1 Dose Bio-Kokosmilch (400 g Inhalt; ohne Zusatzstoffe und Emulgatoren)
1 EL Pfeilwurzelstärke
½ TL probiotisches Pulver (vegane Joghurtkulturen)
½ TL flüssige Süße (Ahornsirup, Agavendicksaft oder Honig)

1 – In einem kleinen Topf die Kokosmilch mit der Pfeilwurzelstärke gut verrühren, aufkochen und kurz köcheln lassen. Dann vom Herd nehmen und bis etwa 40 °C abkühlen lassen (mit einem Kochthermometer messen oder ein paar Tropfen auf die Innenfläche des Unterarms unterhalb der Hand geben und auf Hitze prüfen).

2 – Das probiotische Pulver und das flüssige Süßungsmittel mit einem Holz- oder Plastiklöffel (s. Tipp links) einrühren. Die gesüßte Kokosmilch in ein steriles Glas mit Deckel abfüllen und verschließen. An einem warmen, dunklen Ort (an einer Heizung oder im Ofen bei 35 °C, im Sommer auch einfach bei Raumtemperatur mit einem Tuch bedeckt) 24 Stunden fermentieren lassen, dabei nicht bewegen.

3 – Nach der Fermentation weitere 12 Stunden in den Kühlschrank stellen. Danach sollte der Joghurt cremig und leicht säuerlich sein. Innerhalb von 3 Tagen aufbrauchen.

Cashew-Saure-Sahne

~

Ergibt etwa 350 g
150 g Cashewkerne
3 EL Zitronensaft
1 EL Apfelessig
Salz

1 – Cashewkerne über Nacht in einer Schüssel in kaltem Wasser einweichen.

2 – Am nächsten Tag Cashewkerne in ein Sieb abgießen und mit Zitronensaft, Essig, 150 ml Wasser und 1 Prise Salz in den Mixer geben. Bei hoher Geschwindigkeit so lange pürieren, bis eine feine Masse entstanden ist.

3 – Cashew-Saure-Sahne in ein steriles Schraubglas füllen und verschließen. Hält im Kühlschrank etwa 1 Woche.

FERMENTIERTER
WALNUSSKÄSE

Fermentierter Walnusskäse

~

Ergibt etwa 220 g Käse
Für den Walnusskäse:
200 g Walnusskerne, mindestens 4 Stunden in Wasser eingeweicht
Salz
½ TL Knoblauchpulver
1 EL Apfelessig
4 EL Hefeflocken
1 TL probiotisches Pulver (vegane Joghurtkulturen)

Außerdem:
gehackte getrocknete Früchte, geröstete Nüsse, gehackte Kräuter, Zitronenschale oder Dukkah (s. S. 49) zum Wälzen (nach Belieben)

1 – Am Vortag für den Walnusskäse Walnüsse in ein Sieb abgießen und mit 50–100 ml Wasser, ½ TL Salz, Knoblauchpulver, Essig und Hefeflocken im Mixer pürieren. Das probiotische Pulver untermischen und mit einem Holzlöffel verrühren.

2 – Die Nussmasse in ein Sieb, welches mit einem dünnen Baumwoll- oder Leinentuch ausgelegt ist, füllen und auf eine kleine Schüssel stellen (das Sieb soll den Boden nicht berühren). Den Käse mit dem Tuch zudecken und bei Raumtemperatur 24 Stunden stehen lassen.

3 – Am nächsten Tag den Käse auf einen Teller oder in eine verschließbare Dose stürzen, das Tuch entfernen und mindestens weitere 6–12 Stunden in den Kühlschrank stellen. Danach nach Belieben in getrockneten Früchten, Nüssen, Kräutern und Zitronenschale oder in Dukkah wälzen und im Kühlschrank aufbewahren. Innerhalb 1 Woche verzehren.

Cashew-Ricotta

~

Ergibt etwa 300 g
200 g Cashewkerne
4 EL Sojajoghurt
1 EL Apfelessig
2 EL Zitronensaft
Salz

1 – Die Cashewkerne in einer Schüssel in kaltem Wasser mindestens 4 Stunden, besser über Nacht einweichen.

2 – Cashewkerne in ein Sieb abgießen und mit Joghurt, Essig, Zitronensaft, ½ TL Salz und 30–50 ml Wasser in den Mixer oder in die Küchenmaschine geben. So lange pulsieren, bis eine leicht bröckelige Mischung entstanden ist, die Ricotta ähnelt.

3 – Cashew-Ricotta in ein steriles Schraubglas füllen und verschließen. Hält im Kühlschrank etwa 1 Woche.

Frühstück

Am liebsten beginne ich den Tag entspannt bei einer Tasse Kaffee. Danach bereite ich das Frühstück vor und genieße es mit meiner Familie. Unter der Woche ist morgens jedoch oft nur wenig Zeit. Viele meiner Frühstücksrezepte lassen sich daher wunderbar schon einen Tag vorher zubereiten. So kannst du sie auch an Tagen mit vollem Terminplan genießen.

TIPP
Der Smoothie schmeckt auch superlecker als Bowl mit etwas Kokosjoghurt und Kokos-Rawnola als Topping.

Brombeer-Basilikum-Smoothie

Für 1–2 Portionen
125 g Brombeeren
70 g Himbeeren
10 g Basilikumblätter
1 Banane, gefroren
3 EL Hanfsamen
4 EL Kokosjoghurt (s. S. 57)
100 ml Kokoswasser (oder pflanzliche Milch)
1 Spritzer Limettensaft
1 Handvoll Eiswürfel (nach Belieben)
ein paar Brombeeren und Basilikumblätter als Deko (nach Belieben)

1 – Brombeeren und Himbeeren verlesen und waschen. Basilikum waschen und trocken tupfen. Alles mit Banane, Hanfsamen, Kokosjoghurt, Kokoswasser und Limettensaft in den Mixer geben und etwa 30 Sekunden mixen, bis alles gut püriert ist.

2 – Nach Belieben noch ein paar Eiswürfel dazugeben und nochmal mixen, bis alles sämig ist. Brombeer-Basilikum-Smoothie in Gläser füllen und nach Belieben mit Brombeeren und Basilikumblättern garnieren.

Goldener Süßkartoffel-Tahin-Shake

Für 2 Portionen

100 g geröstete Süßkartoffel (ohne Haut; s. S. 108)
1 Banane, gefroren
1 Medjool-Dattel, 10 Minuten in Wasser eingeweicht und entsteint
200 ml pflanzliche Milch
2 EL Tahin (Sesampaste)
1 TL Kurkuma-Chai-Gewürz (s. S. 47)
1 EL Orangensaft
1 Handvoll Eiswürfel (nach Belieben)
Bananenscheiben, etwas Müsli und Tahin als Deko (nach Belieben)

1 – Süßkartoffel, Banane, Dattel, pflanzliche Milch, Tahin und Kurkuma-Chai-Gewürz in den Mixer geben und mixen, bis Süßkartoffel und Dattel püriert sind.

2 – Dann den Orangensaft und nach Belieben ein paar Eiswürfel dazugeben und noch mal mixen, bis alles sämig ist. Süßkartoffel-Tahin-Shake in Gläser füllen. Nach Belieben mit Bananenscheiben, Müsli und Tahin garnieren und mit einem Strohhalm servieren.

Heidelbeer-Lassi

mit selbst gemachtem Kokosjoghurt

Für 2 Portionen

100 ml pflanzliche Milch
180 g Kokosjoghurt, selbst gemacht (s. S. 57)
1 kleine Banane (etwa 65 g)
90 g Heidelbeeren (TK)
¼ TL gemahlener Ingwer (oder 1 sehr kleines Stück frischer Ingwer)
1 Msp. gemahlener Kardamom
1 Handvoll Eiswürfel (nach Belieben)
einige frische Heidelbeeren (nach Belieben)

1 – Milch und Kokosjoghurt in den Mixer geben. Die Banane schälen und mit den restlichen Zutaten ebenfalls in den Mixer geben.

2 – Alles bei hoher Geschwindigkeit mixen, bis eine cremige Masse entstanden ist. In Becher füllen und nach Belieben mit frischen Heidelbeeren garnieren.

Kamillen-Rosen-Moonmilk

~

Für 1 Portion

250 ml pflanzliche Milch
2 TL Kamillenteeblüten (erhältlich im Bioladen oder in der Apotheke)
1 TL Rosenblüten (erhältlich in orientalischen Supermärkten oder im Internet)
1 Msp. gemahlener Kardamom
1 Msp. gemahlene Kurkuma
1 EL Rosenwasser
1 TL Ahornsirup (oder anderes Süßungsmittel, z. B. regionaler Honig)

1 – Die Milch in einen kleinen Topf geben und bei mittlerer Temperatur kurz erhitzen, dann die Hitze reduzieren und die Milch weiterköcheln lassen.

2 – Die Kamillen- und Rosenblüten, Kardamom und Kurkuma dazugeben und die Milch bei schwacher Hitze 10–15 Minuten köcheln lassen.

3 – Die Milch mit den Blüten durch ein Sieb in eine Tasse füllen, das Rosenwasser dazugeben und die Kamillen-Rosen-Moonmilk mit Ahornsirup süßen.

TIPP
Du kannst den Zitrus Chia Fresca auch mit Orangensaft anstelle von Grapefruitsaft zubereiten.

Zitrus Chia Fresca

Für 1 Portion

2 TL Chiasamen
100 ml Grapefruitsaft
1 EL Zitronensaft
½ EL Limettensaft
1 TL Ahornsirup (oder ein anderes Süßungsmittel, z. B. Apfeldicksaft)

1 – Alle Zutaten in ein hohes Glas füllen. 250 ml Wasser dazugießen und gut umrühren, um die Chiasamen gut zu verteilen.

2 – Etwas aufquellen lassen und genießen.

Cremige Zimt-Mandelmus-Latte
mit Zichorienwurzelkaffee

Für 1 Portion

2 geh. TL Zichorienwurzelkaffee
50 ml pflanzliche Milch
1 EL Mandelmus, plus mehr zum Garnieren (nach Belieben)
¼ TL gemahlener Zimt, plus mehr zum Garnieren (nach Belieben)
1 TL Kokosblütenzucker (oder Dattelsirup)

1 – Den Zichorienwurzelkaffee nach Packungsangabe mit 200 ml heißem Wasser aufgießen und 10 Minuten ziehen lassen.

2 – Den frisch aufgebrühten Zichorienwurzelkaffee mit den restlichen Zutaten in den Mixer geben und mit hoher Geschwindigkeit etwa 30 Sekunden mixen.

3 – Die Zimt-Mandelmus-Latte in eine Tasse füllen und nach Belieben mit etwas Zimt und Nussmus garnieren.

KURKUMA-CHAI-
GEWÜRZ
WARMES
FRUCHTKOMPOTT

Kurkuma-Chai-Porridge
mit warmem Fruchtkompott

Für 1 Portion
60 g zarte Vollkorn-Haferflocken
1 TL Kurkuma-Chai-Gewürz (s. S. 47)
1 EL Dattelsirup (oder 1 eingeweichte Medjool-Dattel)
Salz
150–200 g Obst nach Saison (z. B. Pflaumen, Feigen, Erdbeeren, Äpfel, Birnen)
1 EL Kokosblütenzucker
¼ TL gemahlener Zimt
1 EL Zitronensaft
100–150 ml pflanzliche Milch (ich verwende am liebsten Erbsenmilch)
gehackte Walnüsse, Kürbiskerne, Hanfsamen oder Nussmus (als Topping; nach Belieben)

1 – Haferflocken, Kurkuma-Chai-Gewürz, Dattelsirup und 1 Prise Salz mit 250 ml Wasser in einem Topf zum Kochen bringen, dann bei mittlerer Hitze etwa 10 Minuten köcheln lassen.

2 – Das Obst waschen, gegebenenfalls entsteinen oder entkernen und in 2–3 cm große Würfel schneiden. Eine Pfanne erhitzen. Obst, Kokosblütenzucker und Zimt in die Pfanne geben, mit 25 ml Wasser und Zitronensaft ablöschen.

3 – Nun die pflanzliche Milch zum Porridge geben und weitere 5 Minuten köcheln lassen, bis das Porridge eine sämige, nicht zu dicke Konsistenz hat.

4 – Porridge mit dem Fruchtkompott anrichten und nach Belieben mit Nüssen, Samen oder Nussmus toppen.

In Ananassaft gebackene Birnen

mit Kokosjoghurt und Müsli

Ich liebe gebackene Obstgerichte! Und sie sind perfekt, um sie am Abend zuvor zuzubereiten und sie dann am nächsten Tag mit selbst gemachtem Müsli und Joghurt mit ins Büro zu nehmen.

Für 4 Portionen

Für die Birnen:
200 g Ananasfruchtfleisch
2 TL Ahornsirup
½ Vanilleschote
4 kleine reife Birnen
Saft von ½ Limette

Außerdem:
8 EL Kokosjoghurt (selbst gemacht, s. S. 57, oder aus dem (Bio-)Supermarkt)
8 EL Granola (s. S. 78)

1 – Für die Birnen den Backofen auf 180 °C vorheizen. Das Ananasfruchtfleisch grob würfeln und mit 50 ml Wasser und Ahornsirup in den Mixer geben. Die Vanilleschote auskratzen, das Mark ebenfalls in den Mixer geben und alles fein pürieren.

2 – Die Ananas-Vanille-Mischung durch ein Sieb passieren und die Flüssigkeit in einer Schüssel auffangen (ergibt etwa 200 ml).

3 – Die Birnen schälen, halbieren und das Kerngehäuse mit einem Löffel herausnehmen. Die Birnenhälften mit dem Limettensaft beträufeln, in eine ofenfeste Form geben und mit der Ananas-Vanille-Mischung übergießen. Birnen im Ofen (Mitte) 25–30 Minuten backen.

4 – Die Birnenhälften mit Kokosjoghurt und Müsli befüllen und noch lauwarm genießen.

TIPP

Das aufgefangene Ananasfruchtfleisch kannst du zum Beispiel für einen Smoothie nutzen oder als kleine süße Note in einem Curry verwenden.

GRANOLA
KOKOSJOGHURT

"ICH ESSE DAS OBST MIT DEM RAWNOLA GERNE ZUSAMMEN MIT KOKOSJOGHURT. EINFACH ETWAS JOGHURT IN EINE SCHÜSSEL GEBEN UND GEBACKENES OBST SOWIE DAS RAWNOLA DARAUF GEBEN."

Gebackenes Obst nach Saison

mit crunchy Kokos-Hanf-Rawnola

Für 4 Portionen

Für das gebackene Obst:

500 g Steinobst (z. B. Pflaumen und Nektarinen)
250 g Beeren (z. B. Erdbeeren)
1–1 ½ EL Kokosblütenzucker (je nach Süße der Früchte)
¼ TL gemahlene Vanille
2 EL Orangensaft
2 Streifen Bio-Orangenzesten

Für das Kokos-Hanf-Rawnola (ergibt etwa 260 g):

90 g getrocknete Feigen
60 g Kokoschips
60 g geschälte Hanfsamen
40 g Buchweizen
2 TL Mandelmus
1 Msp. gemahlene Vanille
Salz

1 – Für das gebackene Obst den Backofen auf 180 °C vorheizen. Das Steinobst waschen und in Spalten schneiden, dabei den Stein entfernen. Die Beeren waschen, gegebenenfalls putzen und mit dem Steinobst in eine ofenfeste Form geben.

2 – Kokosblütenzucker, Vanille, Orangensaft und -zesten unter das Obst mischen. Im Ofen (Mitte) 15–20 Minuten backen – die Backzeit variiert je nach Reife der Früchte.

3 – Für das Kokos-Hanf-Rawnola die Feigen in den Mixer geben und ein paar Mal pulsieren, um sie etwas zu zerkleinern. Dann die Kokoschips, 40 g Hanfsamen, Buchweizen, Mandelmus, Vanille und 1 Prise Salz dazugeben und so lange pulsieren, bis eine bröckelige Masse entstanden ist. Nun die restlichen Hanfsamen (20 g) untermischen.

4 – Das gebackene Obst mit etwa 2 EL Rawnola pro Portion anrichten. Restliches Rawnola in einem heiß ausgewaschenen Schraubglas im Kühlschrank aufbewahren. Es ist im Kühlschrank etwa 2 Wochen haltbar.

Schoko-Birnen-Overnight-Oats
mit Ingwer

Overnight Oats sind eines meiner liebsten Meal-Prep-Frühstücksrezepte. Sie sind schnell gemacht, superlecker und dank des Betaglucans in den Haferflocken eine Wohltat für den Darm.

Für 1 Portion

60 g zarte Haferflocken
2 TL Chiasamen
1 EL geschälte Hanfsamen
1 EL rohes Kakaopulver
½ TL gemahlener Zimt
2 TL Ahornsirup
2 TL Haselnussmus (oder anderes Nussmus)
½ TL frisch geriebener Ingwer
100 g geraspelte Birne
250 ml pflanzliche Milch
etwas geraspelte Birne, Kakaopulver, Hanf- und Chiasamen und Haselnussmus für das Topping (nach Belieben)

1 – Alle Zutaten in einer Schüssel mischen und über Nacht im Kühlschrank ziehen lassen. Am nächsten Tag gegebenenfalls noch 1 Schuss pflanzliche Milch dazugeben, falls die Konsistenz zu dick geworden ist.

2 – Die Schoko-Birnen-Overnight-Oats nach Belieben mit geraspelter Birne, Kakaopulver, Hanf- und Chiasamen sowie Haselnussmus dekorieren und genießen.

TIPP

Schmeckt auch mit geraspeltem Apfel statt Birne. Und für einen extra Aroma- und Farbkick sorgt etwas geriebene Kurkuma.

Porridge-Auflauf
mit Heidelbeeren und Äpfeln

Für 4 Portionen
200 g kernige Haferflocken
1 EL Chiasamen
1 EL gekeimte oder geschrotete Leinsamen
250 ml Mandelmilch
1 TL gemahlener Zimt
¼ TL gemahlener Ingwer
abgeriebene Schale und Saft von ½ Bio-Orange
1 EL Ahornsirup, plus mehr zum Servieren
2 EL Kokosblütenzucker, plus mehr zum Bestreuen
200 g Heidelbeeren
70 g Haselnüsse, leicht geröstet und die Haut entfernt
1 ½ Äpfel (etwa 300 g)

1 – In einer Schüssel Haferflocken, Chia- und Leinsamen mit 600 ml Wasser übergießen und mindestens 1 Stunde aufquellen lassen. Den Backofen auf 180 °C (Umluft) vorheizen.

2 – Milch, Gewürze, Orangenschale, Ahornsirup und Kokosblütenzucker zum Porridge geben und gut mischen. Die Heidelbeeren waschen und trocken tupfen. Etwa die Hälfte der Heidelbeeren und der Haselnüsse unterheben und alles in eine Auflaufform (etwa 22 x 22 cm) geben.

3 – Die Äpfel waschen. Den ganzen Apfel vierteln, die Apfelhälfte noch mal halbieren. Das Messer bei den Apfelvierteln jeweils an der Fruchtfleischseite schräg ansetzen und mit einem geraden Schnitt das Kerngehäuse entfernen.

4 – Die Viertel in feine Scheiben schneiden und wie Fächer auf dem Auflauf drapieren. Mit dem Orangensaft beträufeln. Restliche Heidelbeeren und Haselnüsse dazugeben und die Äpfel mit etwas Kokosblütenzucker bestreuen.

5 – Den Porridge-Auflauf im Ofen (Mitte) 40–50 Minuten backen. Aus dem Ofen nehmen, kurz abkühlen lassen und mit Ahornsirup servieren.

TIPP

Super Meal-Prep-Rezept: Du kannst den fruchtigen Auflauf am Vortag zubereiten und dann am nächsten Tag entweder kalt essen oder kurz erwärmen.

Zuckerfreies Granola

Ergibt etwa 500 g
2 Medjool-Datteln
1 reife Banane (etwa 150 g)
4–5 EL Kokosmilch (oder pflanzliche Milch)
150 g zarte Haferflocken
80 g Buchweizen
80 g gehackte Mandeln
50 g Sonnenblumenkerne
30 g geschälte Hanfsamen
3 EL geschrotete oder gekeimte Leinsamen
2 EL Chiasamen
1 TL gemahlener Zimt
1 TL gemahlener Kardamom
Salz

1 – Den Backofen auf 150 °C (Umluft) vorheizen. Die Datteln in einer kleinen Schüssel 10 Minuten in heißes Wasser einweichen, dann entsteinen. Banane schälen und mit einer Gabel zerdrücken.

2 – Banane, Datteln und Kokosmilch (am besten den festeren Anteil der Kokosmilch verwenden) bei schwacher Hitze köcheln lassen, bis eine sämige Mischung entsteht.

3 – Restliche Zutaten und 1 Prise Salz mischen, die Bananen-Dattel-Mischung hinzufügen und untermischen, bis alles gut vermengt ist.

4 – Müslimischung auf einem mit Backpapier ausgelegten Backblech verteilen und im Ofen (Mitte) 20–25 Minuten backen. Nach etwa 10 Minuten die Ofentür öffnen, den Dampf etwas entweichen lassen und das Müsli einmal wenden.

5 – Nach der Backzeit das Müsli komplett abkühlen lassen und in einem luftdichten Behälter oder einem Schraubglas aufbewahren. Das Granola hält etwa 2 Wochen.

Buchweizen-Hafer-Pancakes

mit marinierten Brombeeren

Ergibt 8–10 Pancakes
250 ml Sojamilch
1 EL Apfelessig
1 EL Kokosblütenzucker
60 g zarte Haferflocken
80 g Buchweizenvollkornmehl
1 TL Backpulver
½ TL gemahlene Vanille
Salz
1 reife Banane
125 g Brombeeren
abgeriebene Schale von ½ Bio-Limette
2 EL Limettensaft
2 EL Ahornsirup
natives Kokosöl zum Ausbacken

1 – Die Sojamilch mit Essig und Kokosblütenzucker in einer kleinen Schüssel mischen und zur Seite stellen. Die Haferflocken im Mixer fein mahlen und mit Buchweizenmehl, Backpulver, ¼ TL Vanille und 1 Prise Salz in eine Schüssel geben.

2 – Die Banane schälen, mit einer Gabel gut zerdrücken und unter die Sojamilchmischung rühren. Dann zu den trockenen Zutaten geben, unterheben und den Mix etwas ruhen lassen.

3 – Die Brombeeren waschen, trocken tupfen und mit Limettenschale, Limettensaft, Ahornsirup und restlicher Vanille (¼ TL) mischen.

4 – Eine beschichtete Pfanne bei mittlerer Temperatur erhitzen und etwas Kokosöl hineingeben. Den Teig portionsweise (jeweils etwa 1 ½ EL Teig pro Pancake) in der Pfanne zu Pancakes ausbacken. Sobald kleine Bläschen auf der Oberfläche zu sehen sind, die Pancakes wenden.

5 – Die fertigen Pancakes mit den marinierten Limetten-Vanille-Brombeeren auf Tellern anrichten und servieren.

TIPP

Einmal backen, zweimal essen: Bereite gleich die doppelte Menge zu und friere einen Teil der Pancakes ein. So hast du schnell ein leckeres Frühstück parat.

Müslikekse

Die Müslikekse packe ich mir gerne als schnelles Frühstück on the go oder als kleinen Snack für zwischendurch in die Tasche. Sie sind auch eine gesunde Nascherei für Kinder!

Ergibt etwa 14 Kekse
90 g weiche getrocknete Aprikosen (ggf. die getrockneten Aprikosen 10 Minuten in heißem Wasser einlegen)
40 g Walnusskerne
100 g kernige Haferflocken
25 g geschälte Hanfsamen
25 g Kürbiskerne
1 EL Chiasamen
1 EL geschrotete Leinsamen
40 g Rosinen
2 EL Tahin (Sesammus; oder anderes Nussmus)
1 EL Dattelsirup
1 TL Backpulver
1 TL gemahlener Zimt
¼ TL gemahlener Kardamom
2–3 EL pflanzliche Milch
Salz

1 – Die weichen Aprikosen im Mixer so lange mixen, bis sie bröckelig und klebrig sind. Dann die Walnüsse dazugeben und ein paar Mal pulsieren, bis sie grob gehackt sind.

2 – Die Aprikosen-Walnuss-Masse in eine Schüssel geben, mit den restlichen Zutaten und 1 Prise Salz mischen und etwas ziehen lassen.

3 – Den Backofen auf 180 °C vorheizen. Von der Keksmasse esslöffelgroße Mengen abnehmen und mit leicht angefeuchteten Händen zu Kugeln formen. Auf ein mit Backpapier ausgelegtes Backblech legen und mit der Hand leicht flach drücken.

4 – Die Müslikekse im Ofen (Mitte) 12–15 Minuten backen, herausnehmen und abkühlen lassen.

Kimchi-Tofu-Rührei

Für 2–3 Portionen
200 g Tofu (Natur)
200 g Seidentofu
3 Frühlingszwiebeln
1 EL Olivenöl
¼ TL Kurkumapulver
2 TL helle Misopaste
1 EL Hefeflocken
160 g grob gehacktes Kimchi (s. S. 53)
1 EL Kimchisud (Flüssigkeit, die sich im Einmachglas angesammelt hat)
¼–½ TL Kala Namak (Schwarzsalz, »Eisalz«)
grob gehacktes Koriandergrün (nach Belieben)
frisches Brot zum Servieren

1 – Den Naturtofu in ein Küchentuch einwickeln und mindestens 30 Minuten mit einem schweren Gegenstand (zum Beispiel einem Buch) beschweren, um die Flüssigkeit auszupressen. Den Seidentofu in einem Sieb abtropfen lassen.

2 – Die Frühlingszwiebeln putzen, waschen und in Ringe schneiden, ein Drittel für die Deko beiseitelegen. Das Öl in einer Pfanne erhitzen und die restlichen Frühlingszwiebeln darin bei mittlerer Hitze anbraten.

3 – Den Naturtofu mit den Händen oder einer Gabel zerbröckeln, in die Pfanne geben und unter Rühren anbraten. Kurkuma, Misopaste und Hefeflocken dazugeben und kurz weiterbraten. Dann das Kimchi dazugeben und kurz mit anbraten. Zuletzt den Seidentofu hinzufügen, vorsichtig umrühren und mit dem Kimchisud ablöschen. Das Kimchi-Tofu-Rührei mit Kala Namak würzen.

4 – Das Tofurührei auf Tellern anrichten, mit den übrigen Frühlingszwiebelringen und nach Belieben mit Koriander bestreuen und mit Brot servieren.

Kichererbsen-Omelett
mit Knoblauch-Grünkohl

Für 2 Portionen

Für das Omelett:
250 g Seidentofu
70 g Kichererbsenmehl
2 EL Hefeflocken
½ TL Kala Namak (Schwarzsalz, »Eisalz«)
½ TL Knoblauchpulver (oder 1 kleine Knoblauchzehe, gerieben)
1 Msp. gemahlene Kurkuma
Pfeffer aus der Mühle (nach Belieben)
3 EL pflanzliche Milch

Für das Topping:
150 g Grünkohl
2 Knoblauchzehen
1 EL Olivenöl
Salz
Pfeffer aus der Mühle
2 TL Hefeflocken (nach Belieben)
1 Kästchen Kresse oder Radieschen Microgreens (nach Belieben)

1 – Für das Omelett alle Zutaten in einer Schüssel verrühren. Eine Pfanne erhitzen und die Hälfte der Omelettmasse darin bei mittlerer Hitze 5–7 Minuten braten, bis auf der Unterseite eine goldene Kruste entstanden ist und das Omelett oben komplett gestockt ist. Dabei das Omelett die Hälfte der Zeit mit Deckel stocken lassen, dann den Deckel abnehmen und das Omelett weiterstocken lassen. Auf einen Teller gleiten lassen. Auf diese Weise das zweite Omelett braten.

2 – Inzwischen für das Topping den Grünkohl waschen, trocken schleudern und grob zerzupfen. Knoblauch schälen und fein würfeln. Öl in einer zweiten Pfanne erhitzen, Grünkohl und Knoblauch darin andünsten. 1 Spritzer Wasser dazugeben und den Kohl bei schwacher Hitze zugedeckt etwa 5 Minuten dünsten. Mit Salz und Pfeffer würzen.

3 – Grünkohl auf den Omeletts verteilen und diese zusammenklappen. Nach Belieben Hefeflocken für einen extra käsigen Geschmack daraufstreuen und die Omeletts mit Kresse oder Sprossen garnieren.

TIPP

Seidentofu ist im Vergleich zu klassischem Tofu weicher. Er verleiht vielen herzhaften und süßen Gerichten eine leichte, fluffige Konsistenz.

KALA NAMAK
(SCHWARZSALZ, »EISALZ«)

CASHEW-
SAURE-SAHNE
KALA NAMAK
(SCHWARZSALZ, »EISALZ«)

Ratatouille-Shakshuka

Für 2 Portionen

Für die Shakshuka:
1 rote Zwiebel (etwa 90 g)
2 EL Olivenöl
Salz und Pfeffer aus der Mühle
1 rote Paprikaschote (etwa 200 g)
1 Zucchini (etwa 220 g)
2 Knoblauchzehen
1 Msp. gemahlener Zimt
je 1 TL gemahlener Kreuzkümmel, Paprikapulver (rauchig oder edelsüß) und Sumach
1 TL Harissapaste
1 TL Tomatenmark
1 TL Dattelsirup
1 Dose gehackte Tomaten (etwa 400 g)

Außerdem:
Cashew-Saure-Sahne (s. S. 57; nach Belieben)
Kala Namak (Schwarzsalz, »Eisalz«; nach Belieben)
2–3 EL gehackte Kräuter (z. B. Minze, Koriander; nach Belieben)

1 – Für die Shakshuka die Zwiebel schälen und fein würfeln. Das Öl in einer Pfanne erhitzen und die Zwiebel darin bei mittlerer Hitze etwa 5 Minuten braten, dann mit Salz und Pfeffer würzen.

2 – Inzwischen die Paprika waschen, halbieren und entkernen. Zucchini putzen und waschen. Beides in 1,5–2 cm große Würfel schneiden. Den Knoblauch schälen und in feine Scheiben schneiden.

3 – Gemüse und Knoblauch zur Zwiebel geben und weitere 6 Minuten braten. Dann Gewürze, Harissa, Tomatenmark und Dattelsirup hinzufügen und kurz anbraten. Mit den Tomaten und 100 ml Wasser ablöschen und die Hitze etwas reduzieren.

4– Die Ratatouille-Shakshuka 15 Minuten köcheln lassen, bis das Gemüse gegart ist und trotzdem noch einen leichten Biss hat. Gegebenenfalls noch mal mit Salz und Pfeffer würzen.

5– Die Ratatouille-Shakshuka nach Belieben mit Cashew-Saure-Sahne, Kala Namak und gehackten Kräutern servieren. Knuspriges Sauerteig-Ciabatta schmeckt besonders gut dazu.

Herzhafte grüne Pfannkuchen

mit Avocado und Tofu-Feta

Ich bin ein großer Fan von herzhaftem Frühstück wie diese grünen Pfannkuchen. Aber sie sind auch wundervoll als Mittag- oder Abendessen oder als Meal-Prep-Gericht geeignet.

Für 4 Portionen

Für die Pfannkuchen:
80 g Babyspinat
1 Knoblauchzehe
150 g Dinkelvollkornmehl
1 TL Backpulver
1 EL Olivenöl
½ TL Kala Namak (Schwarzsalz, »Eisalz«)
120 ml pflanzliche Milch
1 TL Apfelessig
2 EL Hefeflocken
Pfeffer aus der Mühle
100–120 ml Mineralwasser (mit Kohlensäure)
Olivenöl zum Ausbacken

Für das Topping:
1 Avocado
Cashew-Saure-Sahne (s. S. 57)
100 g Tofu-Feta (s. S. 96), zerbröckelt
1 Kästchen Radieschen Microgreens

1 – Für die Pfannkuchen den Spinat waschen, trocken schleudern und mit dem Stabmixer oder im Mixer fein pürieren. Den Knoblauch schälen und fein würfeln. Beides mit den restlichen Zutaten mischen und 10 Minuten quellen lassen.

2 – Inzwischen für das Topping die Avocado halbieren, den Stein entfernen und das Fruchtfleisch aus der Schale lösen. Das Fruchtfleisch in Spalten schneiden. Restliche Toppings bereitstellen.

3 – Eine Pfanne erhitzen, mit etwas Öl auspinseln und den Teig darin portionsweise zu 4 Pfannkuchen ausbacken. Die herzhaften Pfannkuchen mit den Toppings servieren.

CASHEW-
SAURE-SAHNE
TOFU-FETA

MALDON
SALZ
TAHIN
(SESAMPASTE)

Herzhaft-süßes Kürbis-Tahin-Brot

Ergibt 1 Brot (Kastenform mit 20 x 11 cm oder 26 x 12 cm)

Für das Kürbispüree:

1 Hokkaido-Kürbis

Für das Brot:

230 g Vollkorndinkelmehl
70 g Dinkelmehl (Type 630)
Salz
1 TL Natron
1 TL Backpulver
4 EL Ahornsirup
2 EL Kokosblütenzucker, plus 1 TL fürs Topping
70 g Tahin (Sesampaste), plus 2 EL fürs Topping
50 ml Olivenöl
½ TL gemahlene Vanille
1 EL Apfelessig
100 ml pflanzliche Milch
20 g Walnusskerne, grob gehackt
15 g Pistazienkerne, grob gehackt
1 EL Chiasamen
Maldon Salz (Salzflocken)

1 – Für das Kürbispüree den Backofen auf 180 °C vorheizen. Den Kürbis halbieren, entkernen und mit den Schnittflächen auf ein Backblech legen. Im Ofen (Mitte) 40–60 Minuten weich rösten. Kürbis herausnehmen und im Mixer fein pürieren. Ofen angeschaltet lassen.

2 – Für das Brot 200 g Püree abwiegen, das restliche Püree in sterile Schraubgläser füllen und im Kühlschrank aufbewahren. Beide Mehlsorten in eine große Schüssel sieben und mit ¼ TL Salz, Natron und Backpulver mischen.

3 – In einer zweiten Schüssel Kürbispüree, Ahornsirup, Kokosblütenzucker, Tahin und Öl aufschlagen, bis der Zucker sich gelöst hat. Vanille, Essig und pflanzliche Milch dazugeben und gut mischen. Jetzt die trockenen Zutaten dazugeben und unterheben, dabei nicht zu sehr rühren.

4 – Den Teig etwa 10 Minuten quellen lassen und dann in die mit Backpapier ausgelegte Kastenform geben. Restliches Tahin (2 EL), Nüsse, Chiasamen, übrigen Kokosblütenzucker (1 TL) und 1 Prise Salz auf den Teig geben und im Ofen (Mitte) 40–50 Minuten backen.

5 – Mit einem Holzstäbchen testen, ob das Kürbis-Tahin-Brot durch ist, ansonsten weitere 5–10 Minuten backen. Dann herausnehmen und komplett abkühlen lassen. Innerhalb von 3–4 Tagen verbrauchen. Das Brot schmeckt besonders lecker mit (pflanzlicher) Butter und etwas Salz.

TIPP

Das Kürbispüree kannst du auch für Kuchen, Torten oder Pastasaucen verwenden. Im Kühlschrank hält es sich, steril abgefüllt, etwa 1 Monat.

Kleinigkeiten & Snacks

Dieses Kapitel ist ein bunter Mix aus meinen Lieblingsrezepten für Momente, in denen der Hunger nicht ganz so groß ist, ich mir aber trotzdem etwas Leckeres gönnen möchte. Viele der Gerichte eignen sich übrigens wunderbar als Snacks fürs Partybüfett, die nächste Feier mit der Familie oder können auch mal eine große Mahlzeit ersetzen.

Eingelegter fermentierter Tofu-Feta

Ergibt etwa 200 g
200 g Tofu (Natur)
etwa 2 EL helle Misopaste
½ TL Knoblauchpulver
½ TL Salz
v TL Pfeffer aus der Mühle
1 TL getrockneter Thymian
1 TL getrockneter Oregano
1 Lorbeerblatt
¼ TL Chiliflocken (nach Belieben)
1 EL Apfelessig
70 ml natives Olivenöl extra

1 – Den Tofu in ein Küchentuch einwickeln und mindestens 1 Stunde mit einem schweren Gegenstand (zum Beispiel einem Buch) beschweren, um die Flüssigkeit auszupressen.

2 – Den Tofu nach dem Pressen mit 1–2 EL Misopaste bestreichen, in eine Schüssel oder Box legen, mit einem Baumwolltuch zudecken und bei Raumtemperatur an einem dunklen Ort 24–48 Stunden fermentieren lassen – je länger er fermentiert wird, desto salziger wird der Tofu.

3 – Nach mindestens 24 Stunden die angetrocknete Misopaste mit einem Holzlöffel abkratzen und entsorgen. Den Tofu in kleine Würfel schneiden.

4 – In einem großen Schraubglas alle Gewürze mit dem Essig und der restlichen Misopaste (1 TL) mischen, die Tofuwürfel dazugeben, das Glas verschließen und gut schütteln. Mit Öl aufgießen und im Kühlschrank aufbewahren. Der Tofu-Feta hält etwa 1 Woche.

TIPP
Für eine indische Note mariniere ich den Tofu-Feta mit Currypulver, Schwarzkümmelsamen und Bockshornklee.

Eingelegte Oliven

mit Walnüssen und Granatapfel

Ergibt etwa 300 g

180 g eingelegte grüne Oliven (Glas)
50 g Walnusskerne
90 g Granatapfelkerne
1 Knoblauchzehe
2 EL Dattelsirup
1 TL Sumach
3–4 EL natives Olivenöl extra
10 g Minzblätter
Salz (nach Belieben)
Pfeffer aus der Mühle (nach Belieben)

1 – Die Oliven in ein Sieb gießen, dabei mindestens 1 EL der Lake aufbewahren. Die Walnüsse in einer Pfanne ohne Fett rösten, kurz abkühlen lassen, fein hacken und in eine Schüssel geben. Oliven und Granatapfelkerne dazugeben.

2 – Knoblauch schälen und dazureiben. Dattelsirup, Sumach, Oliven-Lake und Öl hinzufügen und alles mischen. Die Minzblätter waschen und trocken tupfen, fein hacken und dazugeben. Oliven-Mix nach Belieben mit Salz und Pfeffer abschmecken.

3 – Die eingelegten Oliven in ein steriles Schraubglas füllen. Im Kühlschrank halten sie etwa 1 Woche.

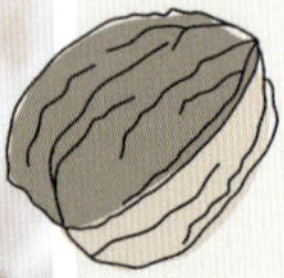

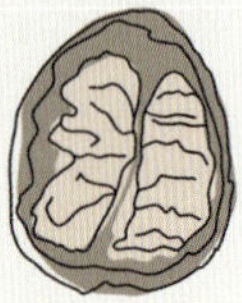

Herbstliche
Walnuss-Pilz-Pastete

Für 4 Portionen

Für die Pilze:

250 g gemischte Pilze (Austernpilze, Shiitake und/oder braune Champignons)
1 EL Olivenöl zum Braten
1 kleine rote Zwiebel
2 Knoblauchzehen
1 EL frischer oder ½ TL getrockneter Thymian
1 EL frischer oder ½ TL getrockneter Oregano
1 Msp. gemahlener Zimt
1 TL helle Misopaste
1 TL Dattelsirup
2 TL Sojasauce

Außerdem:

80 g Walnusskerne
2 TL Dijonsenf
1 EL natives Olivenöl extra
1 EL Gemüsebrühe
1 TL Würzpaste (s. S. 46)
1 EL Sojasauce
Salz (nach Belieben)
Pfeffer aus der Mühle (nach Belieben)

1 – Die Pilze putzen, falls nötig, trocken abreiben und in grobe Stücke schneiden (ich verwende auch den Strunk). Das Öl in einer Pfanne erhitzen, die Pilze dazugeben und ein paar Minuten nicht bewegen oder umrühren, damit sich Röstaromen entwickeln können.

2 – Zwiebel und Knoblauch schälen, in feine Würfel schneiden, zu den Pilzen geben und anbraten. Thymian und Oregano hinzufügen und alles bei mittlerer Hitze 7–8 Minuten braten. Zimt, Misopaste, Dattelsirup und Sojasauce dazugeben und weitere 5 Minuten braten.

3 – Die Nüsse in einer kleinen Pfanne ohne Fett rösten. Die Pilze mit den Nüssen, Senf, nativem Olivenöl, Brühe, Würzpaste und Sojasauce im Mixer pürieren, mit Salz und Pfeffer abschmecken.

4 – Die Pastete in ein steriles Schraubglas füllen und nach Belieben noch etwas Öl dazugeben. Mit frischem Sauerteigbrot servieren. Der Aufstrich hält 3–4 Tage im Kühlschrank.

TIPP
Wer es noch zitroniger mag, kann zusätzlich feine Salzzitronenstreifen als Topping auf den Hummus geben.

Gekeimter Kichererbsen-Hummus
mit Salzzitronenstückchen

Für 2–3 Portionen
150 g getrocknete Kichererbsen, 2–3 Tage gekeimt (s. S. 37)
1 große Schalotte
2 Knoblauchzehen
1 TL Natron
1 großes Stück Bio-Zitronenzeste
2 getrocknete Lorbeerblätter
Salz
1 Salzzitrone (s. S. 50)
2–3 EL Zitronensaft
50–70 ml Tahin (Sesammus)
1 TL gemahlener Kreuzkümmel
etwas Eiswasser
Pfeffer aus der Mühle
Topping nach Wahl (z. B. Olivenöl, Gewürze wie Sumach oder Chili, Gewürzmischungen wie Zaatar, Walnuss-Pistazien-Dukkah, s. S. 49, etc.)

1 – Die gekeimten Kichererbsen in einem Sieb gut waschen. Die Schalotte und 1 Knoblauch schälen. Alles mit 1 l Wasser, Natron, Zitronenzeste, Lorbeerblättern und ½ TL Salz in einen mittelgroßen Topf geben und bei schwacher Hitze 45–50 Minuten köcheln lassen. Dabei die Hälfte der Zeit mit Deckel, die restliche Zeit offen köcheln lassen.

2 – Dann alles in ein Sieb abgießen, dabei die Kochflüssigkeit aufbewahren. Die Lorbeerblätter entfernen.

3 – Die Salzzitrone halbieren. Eine Hälfte in größere Stücke schneiden, von der anderen Hälfte das Fruchtfleisch auslösen und die Schale in feine Stücke schneiden.

4 – Zitronensaft, Tahin, größere Salzzitronenstücke, Kichererbsen, gekochten Knoblauch und Schalotte sowie Kreuzkümmel in den Mixer geben. Den restlichen Knoblauch schälen und dazureiben. 1–2 EL Eiswasser hinzufügen und alles gut pürieren. Falls der Hummus zu dick ist, nach und nach etwas von der Kichererbsen-Kochflüssigkeit hinzugeben.

5 – Hummus mit Salz und Pfeffer abschmecken und die restlichen Salzzitronenstücke untermischen, in eine Schale füllen und mit einem Topping nach Wahl dekorieren.

DEINE KAROTTEN HABEN NOCH DAS GRÜN DRAN? DANN SCHMEISSE ES AUF KEINEN FALL WEG, SONDERN VERWENDE ES FÜR EIN PESTO ODER ALS TOPPING FÜR DEN AUFSTRICH. DER KAROTTEN-AUFSTRICH EIGNET SICH WUNDERBAR ALS SANDWICH-GRUNDLAGE FÜR EIN SANDWICH, Z.B. MIT GERÖSTETER ROTER BETE, BIRNENSCHEIBEN UND APFEL-KURKUMA-KRAUT (S. S. 107).

Gerösteter Karotten-Walnuss-Aufstrich

Für 4 Portionen

350 g Karotten
1 ½ TL Garam Masala
1 TL gemahlene Kurkuma
½ TL gemahlener Kreuzkümmel
Salz
Pfeffer aus der Mühle
1 EL Olivenöl
80 g Walnusskerne
2 geröstete Knoblauchzehen (s. S. 50)
1 EL Apfelessig
1 EL Orangensaft
1 TL Ahornsirup
1 EL Brühe (nach Belieben; oder Wasser)
Topping nach Wahl (z. B. Olivenöl, Walnuss-Pistazien-Dukkah, s. S. 49, Salz (z. B. Maldon), Pfeffer, gehackte Kräuter oder Karottengrün)

1 – Den Backofen auf 180 °C vorheizen. Die Karotten putzen und schälen. Der Länge nach halbieren und mit Garam Masala, Kurkuma, Kreuzkümmel, ½ TL Salz, etwas Pfeffer und dem Öl mischen. Auf ein Backblech legen und im Ofen auf der mittleren Schiene 25–30 Minuten rösten. Die letzten 5 Minuten noch die Walnüsse mit auf das Blech geben und mitrösten. Dann alles ein wenig abkühlen lassen.

2 – Karotten, Walnüsse, Knoblauch, Essig, Orangensaft, Ahornsirup und nach Belieben Brühe in den Mixer oder die Küchenmaschine geben und so lange mischen, bis eine nicht zu feine Paste entsteht.

3 – Karotten-Walnuss-Aufstrich mit Salz und Pfeffer abschmecken und in ein Schälchen füllen. Mit einem oder mehreren Toppings nach Wahl dekorieren. In einem sterilen Schraubglas hält der Aufstrich etwa 3 Tage im Kühlschrank.

CASHEW-
RICOTTA

Geröstetes Brot mit Cashew-Ricotta
und Ofentomaten

Für 2 Portionen

250 g Kirsch- oder Datteltomaten
5 EL Olivenöl
2 Knoblauchzehen
einige Zweige Kräuter nach Wahl (Thymian, Rosmarin, Oregano, Basilikum)
Salz
Pfeffer aus der Mühle
4 Scheiben Brot
Cashew-Ricotta (pro Scheibe 2–3 EL; s. S. 59)
etwas abgeriebene Bio-Zitronenschale (nach Belieben)

1 – Den Backofen auf 180 °C vorheizen. Die Tomaten waschen und in einer kleinen ofenfesten Form mit Öl, halbierten Knoblauchzehen, Kräutern, Salz und Pfeffer mischen.

2 –Die Tomaten im Ofen (Mitte) 17–20 Minuten rösten. Herausnehmen und etwas abkühlen lassen, sonst zerläuft der Cashew-Ricotta auf den Broten.

3 – Brotscheiben toasten, mit dem Cashew-Ricotta bestreichen und die Ofentomaten darauf verteilen. Mit der Röstflüssigkeit beträufeln, mit Salz, Pfeffer und nach Belieben mit Zitronenschale würzen.

Jackfrucht »Ceviche«

mit Ananas und eingelegten roten Zwiebeln

Dieses Ceviche-Rezept ist schnell zubereitet und schmeckt noch besser, wenn es etwas Zeit zum Ziehen hatte, sodass die Jackfrucht den Geschmack von Ananas und Zitrus gut aufnehmen konnte.

Für 4 Portionen (als Vorspeise)
1 Dose Jackfrucht (400 g)
200 g Ananasfruchtfleisch
½–1 Knoblauchzehe (je nach Größe)
1 EL getrocknete Algenflocken (Nori, Dulse oder Wakame)
3–4 EL Koriandergrün, gehackt
1 TL gemahlener Kreuzkümmel
3 EL Limettensaft
1–2 EL Olivenöl
1 TL Apfeldicksaft
1 EL Jackfrucht-Lake
(pinkes) Salz (nach Belieben)
Pfeffer aus der Mühle (nach Belieben)
Chilipulver (nach Belieben)
eingelegte rote Zwiebeln als Topping (s. S. 54; nach Belieben)

1 – Die Jackfrucht in ein Sieb geben und abtropfen lassen, dabei mindestens 1 EL der Lake auffangen. Die Ananas fein würfeln und in eine Schüssel geben. Die Jackfruchtstücke dazugeben und mit den Fingern etwas zerrupfen.

2 – Knoblauch schälen und dazureiben. Algenflocken, Koriander, Kreuzkümmel, Limettensaft, Olivenöl, Apfeldicksaft und etwa 1 EL Jackfrucht-Lake untermischen.

3 – Das Ceviche nach Belieben mit Salz, Pfeffer und Chilipulver abschmecken und mit eingelegten Zwiebeln getoppt anrichten. Mit knusprigen Nachochips oder Brot servieren.

TIPP
Du bist kein Koriander-Fan? Dann kannst du stattdessen auch Petersilie oder Minze verwenden.

EINGELEGTE
ROTE ZWIEBELN

TIPP

Wenn es besonders schnell gehen soll, kannst du auch gegarte, vakuumierte Rote Bete verwenden.

Sandwich mit gerösteter Roter Bete
und Apfel-Kurkuma-Kraut

Für 1 Portion

Für die geröstete Rote Bete (Grundrezept):
1 Rote Bete

Für das Sandwich:
½ geröstete Rote Bete
¼ Birne
2 Scheiben Roggensauerteigbrot
1–2 EL gerösteter Karotten-Walnuss-Aufstrich (s. S. 101)
2 EL Apfel-Kurkuma-Kraut (s. S. 52)
Radieschen Microgreens (oder andere Microgreens; nach Belieben)

1 – Für die geröstete Rote Bete den Backofen auf 180 °C vorheizen. Die Rote Bete waschen, trocken tupfen und in Alufolie einwickeln. Im Ofen (Mitte) etwa 1 Stunde rösten. Gartest: Wenn ein scharfes Messer leicht durch die Knollen schneidet, sind sie fertig.

2 – Herausnehmen, abkühlen lassen und bis zum Gebrauch in einer gut schließenden Box im Kühlschrank aufbewahren. So halten sich die Roten Beten 3–4 Tage. Erst bei Verwendung schälen.

3 – Für das Sandwich die Rote Bete in feine Scheiben schneiden. Birnenviertel gegebenenfalls entkernen und ebenfalls in feine Scheiben schneiden.

4 – Eine Brotscheibe mit dem Karotten-Walnuss-Aufstrich bestreichen und mit Rote-Bete-Scheiben, Birnenscheiben, Apfel-Kurkuma-Kraut und nach Belieben mit Microgreens belegen. Die andere Brotscheibe als Sandwich-Deckel darauflegen.

ES LOHNT SICH ENERGETISCH GESEHEN NICHT SONDERLICH DEN OFEN NUR FÜR 1 ROTE BETE ANZUSCHMEISSEN. DAHER RÖSTE GLEICH MEHRERE KNOLLEN AUF DIESE WEISE, DANN HAST DU GLEICH FERTIG GEGARTE ROTE BETEN AUF VORRAT. DU KANNST SIE Z.B. BEIM ROTE-BETE-CARPACCIO (S.S.126) ODER BEIM WINTERSALAT (S.S.133) VERWENDEN.

Süßkartoffel-Naan

Ergibt 4–6 Stück

180 g Süßkartoffel
60 g Sojajoghurt
Salz
1 Msp. gemahlene Kurkuma
270 g Dinkelmehl
1 TL Backpulver
Mehl zum Verarbeiten

1 – Am Vortag den Backofen auf 200 °C vorheizen. Die Süßkartoffel in Alufolie wickeln und im Ofen (Mitte) 40–60 Minuten rösten. Herausnehmen, abkühlen lassen und über Nacht im Kühlschrank aufbewahren.

2 – Am nächsten Tag die geröstete Süßkartoffel pellen, in eine Schüssel geben und mit einer Gabel fein zermusen. Sojajoghurt, ½ TL Salz und Kurkuma hinzufügen und untermischen.

3 – Dinkelmehl und Backpulver auf die Arbeitsfläche sieben, zu einem Haufen formen und in die Mitte eine Mulde drücken. Süßkartoffel-Joghurt-Mischung hineingeben und alles mit sauberen, trockenen Händen zu einem Teig formen. Dann kurz durchkneten, dabei immer wieder den Teig überlappen, damit Luftpolster entstehen.

4 – Den Teig zu einem Ball formen, etwas flach drücken und mit einem Messer in 4–6 Stücke schneiden. Diese mit einem sauberen Küchentuch bedecken, damit sie nicht austrocknen.

5 – Eine mittelgroße Pfanne bei mittlerer Temperatur erhitzen. Die Arbeitsfläche mit etwas Mehl bestäuben und die Teigstücke mit dem Nudelholz oder mit den Händen zu länglichen Fladen formen. In der heißen Pfanne pro Seite 2 Minuten ausbacken, dabei die erste Minute mit Deckel braten, so kann der Teig gut aufgehen.

TIPP

Für den extra Aromakick kannst du das Naan mit Knoblauch-Koriander-Öl beträufeln (s. S. 153).

DER BOHNEN-SPARGEL-MIX IST ÜBRIGENS AUCH EIN TOLLER BEGLEITER ZU PASTA. EINFACH BEIM WÜRZEN NOCH ETWAS PASTAWASSER DAZUGEBEN UND MIT DEN HEISSEN NUDELN MISCHEN. NACH BELIEBEN MIT CASHEW-HANF-PARMESAN (S. S. 138) BESTREUEN.

Frühlings-Bohnentoast
mit Bärlauch und Spargel

Für 2 Portionen

200 g weiße Bohnen (z.B. Cannellinibohnen)
15 g Bärlauch (alternativ Basilikum + 1 Knoblauchzehe, in Würfeln oder Kresse)
150 g grüner Spargel
1 EL Olivenöl
2–3 EL eingelegte Kapern
½ EL Zitronensaft
abgeriebene Schale von ½ Bio-Zitrone
Salz (nach Belieben)
Pfeffer aus der Mühle (nach Belieben)
2 große Scheiben Sauerteigbrot
3–4 TL körniger Dijonsenf

TIPP

Falls du Bärlauch mit Knospen oder Blüten bekommst, kannst du diese als Deko verwenden. Sie schmecken ganz wundervoll!

1 – Die Bohnen in ein Sieb abgießen, waschen und abtropfen lassen. Den Bärlauch waschen, trocken schütteln und fein hacken. Spargel waschen, im unteren Drittel schälen und die holzigen Enden entfernen. Spargel in kleine Stücke schneiden und in einer Pfanne im Öl bei mittlerer Hitze 2–3 Minuten anbraten.

2 – Bohnen und Kapern dazugeben, kurz mitbraten und dann vom Herd nehmen. Den Bärlauch untermischen und mit Zitronensaft, Zitronenschale sowie nach Belieben mit Salz und Pfeffer würzen.

3 – Die Brotscheiben toasten, mit Senf bestreichen und die Bohnen-Spargel-Mischung drauf verteilen.

Geschmorter Lauch
mit Zitrus-Kräuter-Vinaigrette und Tofu-Feta

Für 2 Portionen

Für den Lauch:
3–4 Stangen Lauch
1 EL Olivenöl zum Braten
Salz
Pfeffer aus der Mühle
150 ml Gemüsebrühe (oder Wasser)

Für das Dressing:
1 EL natives Olivenöl extra
2 TL Dijonsenf
2 EL Zitronensaft
2 TL Apfeldicksaft
1 Handvoll gehackte Kräuter (z.B. Dill, Petersilie)
Salz, Pfeffer aus der Mühle

Außerdem:
40–50 g Tofu-Feta (s. S. 96)
1–2 TL abgeriebene Bio-Zitronenschale

1 – Die Lauchstangen waschen und putzen, die Enden und das sehr dunkle Grün abschneiden (dunkles Grün für Brühe/Suppe aufheben) und die Stangen der Länge nach halbieren.

2 – Das Öl in einer großen Pfanne bei mittlerer Temperatur erhitzen und die Lauchstangen mit der Schnittfläche hineinlegen. Etwa 5 Minuten braten, dann wenden, mit Salz und Pfeffer würzen und weitere 5 Minuten braten.

3 – Mit der Brühe ablöschen, die Hitze reduzieren und den Lauch zugedeckt weitere 15 Minuten garen. Die Lauchstangen sollen weich sein, aber nicht auseinanderfallen.

4 – Für das Dressing in einer kleinen Schüssel Olivenöl, Senf, Zitronensaft, Apfeldicksaft und Kräuter gut mischen und mit Salz und Pfeffer würzen. Die Hälfte des Dressings auf eine Platte geben, die Lauchstangen auf das Dressing legen und mit restlichem Dressing beträufeln. Tofu-Feta darüberbröckeln und Zitronenschale darüberstreuen. Noch lauwarm servieren.

TIPP

Der geschmorte Lauch schmeckt super als Antipasti zu Pasta wie zum Beispiel Linguine mit Ofentomaten (s. S. 138).

Haupt-gerichte

Kochen ist für mich inzwischen pure Entspannung und leidenschaftliches Hobby zugleich. Genuss, Aromen und die Liebe zu gutem Essen stehen dabei bei mir an erster Stelle. Daher kannst du dich bei meinen Hauptgerichten auf wahre Geschmacksexplosionen gefasst machen, die garantiert auch bei Familie und Gästen gut ankommen werden.

Cremige Miso-Ramen-Suppe

Für 4 Portionen

Für die Suppe:

2 Frühlingszwiebeln
200 g Austernpilze
1 Stück Ingwer (3–5 cm)
3 Knoblauchzehen
2 Baby-Pak-Choi
Kokosöl zum Braten
2 TL rote oder gelbe Currypaste
2 EL helle Misopaste
2 EL Sojasauce
2 TL Ahornsirup
1 l Gemüsebrühe
1 EL Noriflocken
1 Dose Kokosmilch
2 EL Tahin (Sesammus)
250 g Ramen (oder Mie- oder Reisnudeln)
Saft von ½ Limette
1 TL geröstetes Sesamöl

Für die Toppings (Menge nach Belieben):

150 g Austern- oder Shiitakepilze (in Stücken)
150 g Tofu (Natur, in Würfeln)
etwas Kokosöl
Sojasauce
schwarzer Sesam
Frühlingszwiebelringe
gehacktes Koriandergrün
Noriflocken
schwarzer Sesam

1 – Für die Suppe die Frühlingszwiebeln putzen, waschen und in feine Ringe schneiden. Austernpilze in kleine Stücke zerzupfen. Ingwer schälen und fein reiben. Knoblauch schälen und fein würfeln. Pak Choi putzen, waschen und hacken.

2 – In einem großen Topf 2 EL Kokosöl bei mittlerer Stufe erhitzen und darin zuerst die Pilze 3–4 Minuten anbraten. Dann Frühlingszwiebeln, Knoblauch und Ingwer hinzufügen und weitere 2–3 Minuten braten. Dabei die Hitze gegebenenfalls reduzieren.

3 – Curry- und Misopaste hinzufügen und 1 weitere Minute braten. Mit Sojasauce, Ahornsirup und Brühe ablöschen, Noriflocken und Kokosmilch hinzufügen und alles bei mittlerer Temperatur 10 Minuten köcheln lassen.

4 – Den Pak Choi hinzufügen und weitere 5–10 Minuten köcheln lassen, bis der Pak Choi weich ist, aber noch Biss hat. Zuletzt das Tahin dazugeben und gut verrühren.

5 – Während die Brühe köchelt, die Toppings vorbereiten. Pilze und Tofu in einer Pfanne im Kokosöl anbraten, mit Sojasauce ablöschen und herausnehmen. Sesam in der Pfanne leicht anrösten. Frühlingszwiebeln, Koriander und Noriflocken bereitstellen.

6 – Die Ramennudeln nach Packungsangabe bissfest garen, abgießen und kurz kalt abschrecken.

7 – Die Nudeln in die Brühe geben und die Suppe mit Limettensaft, Sesamöl und gegebenenfalls etwas Sojasauce oder Salz würzen. In Schalen abfüllen und mit den Toppings servieren.

Petersilienwurzelsuppe

mit geröstetem Knoblauch

~

Für 2–3 Portionen

Für die Suppe:

700 g Petersilienwurzeln
1 Bio-Zitrone
5–6 Zweige Thymian
4–5 Knoblauchzehen
1 EL natives Olivenöl extra
Salz
Pfeffer aus der Mühle
1 Schalotte
1 EL Olivenöl
300 ml Sojamilch
1–2 Lorbeerblätter
1 Bio-Zitronenzeste
1–2 EL Zitronensaft

Für die Toppings:

geröstete Zitronenscheiben (von den gerösteten Petersilienwurzeln)
frischer Thymian
selbst gemachtes Zitronen-Thymian-Öl (s. Tipp; oder etwas Olivenöl)
Salz (nach Belieben)
Pfeffer aus der Mühle (nach Belieben)

1 – Für die Suppe den Backofen auf 180 °C Umluft vorheizen.

2 – Die Petersilienwurzeln putzen, schälen und der Länge nach halbieren oder vierteln. Je nach Größe nochmal halbieren. Die Zitrone heiß waschen, trocken reiben, in relativ dünne Scheiben schneiden und auf ein mit Backpapier ausgelegtes Backblech verteilen. Petersilienwurzelstücke auf den Zitronenscheiben verteilen. Thymian waschen, trocken schütteln und mit den geschälten Knoblauchzehen dazugeben.

3 – Alles mit dem Öl beträufeln, mit Salz und Pfeffer würzen und im Ofen (Mitte) 25–30 Minuten weich rosten. Falls die Zitronen dunkel werden, vorab herausnehmen. Nach etwa 30 Minuten das Gemüse aus dem Ofen nehmen, Thymianzweige und Knoblauch entfernen und pro Person 2 Petersilienwurzelstücke für die Deko beiseitelegen.

4 – Die Schalotte schälen und fein würfeln. In einem mittelgroßen Topf im Olivenöl glasig anschwitzen. Die gerösteten Knoblauchzehen kurz mit andünsten, damit sie ihren Röstgeschmack erneut entfalten können. 600 ml Wasser, Sojamilch und Lorbeerblätter dazugeben und erhitzen. Die Petersilienwurzeln und die Zitronenzeste hinzufügen und alles 10 Minuten leicht köcheln lassen.

5 – Lorbeer herausnehmen und die Suppe im Mixer oder mit dem Stabmixer samtig pürieren. Je nach Konsistenz etwas Wasser nachgießen. Wenn nötig, noch mal zurück in den Topf geben, kurz erhitzen und mit Salz und Pfeffer abschmecken.

6 – Die Petersilienwurzelsuppe in Schalen füllen und jeweils mit den übrigen Petersilienwurzelstücken, 1 gerösteten Zitronenscheibe und etwas Thymian dekorieren. Mit Zitronen-Thymian-Öl beträufeln. Nach Belieben mit Salz und Pfeffer bestreuen und knuspriges Brot dazu servieren.

TIPP

Für das Zitronen-Thymian-Öl 200 ml natives Olivenöl mit 1–2 EL abgeriebener Bio-Zitronenschale und 3–4 Zweigen Thymian in einem Schraubglas mischen, 1–2 Tage ziehen lassen.

Goldene Misosuppe

mit Tofu, schwarzen Reisnudeln und Pak Choi

Für 2–3 Portionen

2 Schalotten
2 TL natives Kokosöl
1 Stück Ingwer (2 cm)
1 Knoblauchzehe
1 ½ TL gemahlene Kurkuma
3 EL helle Misopaste
Pfeffer aus der Mühle
2 EL Sojasauce
1 l Gemüsebrühe
1 Sternanis
100 g schwarze Reisnudeln
200–250 g Pak Choi
180–200 g Tofu (Natur)
2 Frühlingszwiebeln
1 EL Limettensaft
Salz
frisch gemahlener Pfeffer

1 – Die Schalotten schälen und fein würfeln. Das Kokosöl in einem Topf erhitzen und Schalotten darin bei mittlerer Hitze etwa 5 Minuten anbraten, bis sie eine goldene Farbe haben.

2 – Ingwer und Knoblauch schälen, reiben und kurz mitanbraten. Kurkuma, Misopaste und etwas Pfeffer dazugeben, kurz anbraten und mit Sojasauce und Brühe ablöschen. Den Sternanis in die Brühe geben und die Brühe bei schwacher Hitze 15 Minuten köcheln lassen. Wer den Sternanis-Geschmack nicht zu intensiv mag, kann ihn nach 10 Minuten entfernen.

3 – Die Reisnudeln nach Packungsangabe bissfest garen, abgießen, kalt abschrecken und im Sieb abtropfen lassen. Pak Choi putzen, waschen und die Stiele in etwa 2 cm dicke Streifen schneiden, das Grün ganz lassen. Tofu in etwa 2 cm große Würfel schneiden. Frühlingszwiebeln putzen, waschen und in feine Ringe schneiden.

4 – Zuerst die festen Teile des Pak Chois und die Tofuwürfel in die Suppe geben, dann nach etwa 5 Minuten das Grün hinzufügen und kurz mitgaren. Die Nudeln ebenfalls dazugeben und die Misosuppe mit Limettensaft und gegebenenfalls Salz und Pfeffer abschmecken. In Schalen füllen und mit Frühlingszwiebeln bestreut servieren.

Geröstete Rote-Bete-Suppe
mit Blumenkohlchips und würzigem Nusstopping

Für 4 Portionen

Für die Blumenkohlchips:
80 g Blumenkohl
1 EL Olivenöl

Für die Suppe:
2 Schalotten
2 Knoblauchzehen
330 g Blumenkohl
300 g Rote Beten
300 g mehligkochende Kartoffeln
2 EL Olivenöl
1 TL Korianderkörner
1 TL Fenchelsamen
1 TL Kreuzkümmelsamen
2 TL Garam Masala
1 Msp. rote Chiliflocken (nach Belieben)
½ TL abgeriebene Bio-Zitronenschale
Salz
Pfeffer (im Mörser gemahlen)
800–900 ml Gemüsebrühe (oder Wasser; etwa so viel, bis das Gemüse im Topf bedeckt ist)
1 ½ EL Zitronensaft

Für das Nusstopping:
1 TL Korianderkörner
1 TL Schwarzkümmelsamen
1 EL geröstete Pinienkerne
2 EL Walnusskerne
Salz, Pfeffer aus der Mühle

Außerdem:
3 EL Cashew-Saure-Sahne (s. S. 57)
etwas Zitronensaft
grobes Salz (z.B. Maldon Salz)
Pfeffer aus der Mühle
Radieschen Microgreens
Olivenöl

1 – Für die Blumenkohlchips den Backofen auf 180 °C vorheizen. Blumenkohl in sehr dünne Scheiben schneiden und auf einem mit Backpapier belegten Backblech verteilen. Mit dem Öl beträufeln und im Ofen (Mitte) etwa 20 Minuten rösten.

2 – Für die Suppe Schalotten und Knoblauch schälen und fein würfeln. Blumenkohl putzen und waschen. Rote Beten und Kartoffeln schälen. Alles klein schneiden.

3 – Das Öl in einem großen Topf erhitzen, Schalotten und Knoblauch darin glasig anschwitzen. Gewürze, Zitronenschale und etwas Salz und Pfeffer dazugeben und 30–60 Sekunden rühren, damit sie nicht anbrennen, aber sich die ätherischen Öle gut entfalten können.

4 – Dann Blumenkohl, Rote Beten und Kartoffeln dazugeben, kurz andünsten und mit Brühe ablöschen. Etwa 15 Minuten köcheln lassen, bis das Gemüse weich ist. Dann in den Mixer geben und fein pürieren. Gegebenenfalls mit etwas Brühe verdünnen und mit Zitronensaft, Salz und Pfeffer abschmecken.

5 – Für das Nusstopping alle Zutaten im Mörser grob mahlen. Cashew-Saure-Sahne mit 1 EL Wasser und Zitronensaft verrühren und mit Salz und Pfeffer würzen.

6 – Die Suppe in Schalen füllen und mit Blumenkohlchips, Nusstopping, Cashew-Saure-Sahne, Radieschen Microgreens und Öl garnieren.

TIPP

Das Pistazien-Walnuss-Dukkah (s. S. 49) schmeckt ebenfalls hervorragend als Topping für die Suppe!

CASHEW-
SAURE-SAHNE

KNOBLAUCHCHIPS
KRÄUTERTOPPING

Gekeimtes Mungbohnen-Dal

Für 2–3 Portionen

Für das Dal:
2 Schalotten
1 kleine Karotte (etwa 70 g)
2 Knoblauchzehen
1 Stück Ingwer (3 cm)
2 EL Olivenöl
2 TL gemahlene Kurkuma
1 TL Garam Masala
1 TL gemahlener Koriander
1 TL schwarze Senfsamen
Salz
Pfeffer aus der Mühle
250 g Mungbohnen (über Nacht eingeweicht oder gekeimt)
1 TL Tomatenmark
800 ml Gemüsebrühe (oder Wasser)
1 getrocknetes Lorbeerblatt
200 ml Kokosmilch
1 Spritzer Limettensaft

Für die Knoblauchchips:
2–3 Knoblauchzehen
2–3 EL Olivenöl

Für das Kräutertopping:
30 g gemischte Kräuter (z.B. Koriandergrün, Minze, Petersilie)
½ EL Limettensaft
Salz, Pfeffer aus der Mühle

1 – Für das Dal die Schalotten schälen und fein würfeln. Die Karotte putzen, schälen und fein raspeln. Knoblauch und Ingwer schälen und fein reiben.

2 – Das Öl in einem Topf erhitzen und die Schalotten darin bei mittlerer Hitze etwa 7 Minuten anbraten. Karotte und Knoblauch dazugeben und weitere 3 Minuten anbraten. Ingwer und Gewürze hinzufügen und 1–2 Minuten anbraten. Dann die Mungbohnen und das Tomatenmark dazugeben und 1 Minute mitbraten.

3 – Mit der Brühe ablöschen, das Lorbeerblatt dazugeben und alles mit Deckel bei mittlerer Hitze köcheln lassen. Dabei zwischendurch immer wieder umrühren, damit am Boden nichts anbrennt. Nach 15 Minuten die Kokosmilch hinzufügen und die Suppe mit Deckel weitere 5 Minuten köcheln lassen. Den Deckel abnehmen, das Lorbeerblatt entfernen und mit dem Stabmixer etwa die Hälfte des Dals – ich mag es gern etwas stückiger – pürieren. Dann weitere 5–10 Minuten offen andicken lassen.

4 – Für die Knoblauchchips den Knoblauch schälen und in sehr feine Scheiben schneiden. Das Öl in eine Pfanne geben, die Knoblauchscheiben in das kalte Öl legen, erhitzen und bei mittlerer Hitze 7–9 Minuten goldbraun und knusprig anbraten. Dabei immer wieder mit einem Löffel das Öl über die Knoblauchscheiben gießen, damit sie konstant mit dem heißen Öl in Berührung kommen.

5 – Für das Kräutertopping die Kräuter waschen, trocken schütteln und grob schneiden oder mit den Fingern zerrupfen. Mit Limettensaft, Salz und Pfeffer würzen.

6 – Das Dal mit Salz, Pfeffer und Limettensaft abschmecken, in tiefe Teller oder Schalen füllen und mit Knoblauchchips und Kräutertopping garniert servieren.

Rote-Bete-Carpaccio

auf Cashew-Ricotta mit Pistazien-Minz-Pesto

Für 2 Portionen

Für das Pistazien-Minz-Pesto:
20 g Minze
35 g geröstete Pistazienkerne
¼ TL Knoblauch, gerieben
½ TL abgeriebene Bio-Orangenschale
3 EL Orangensaft
3 EL Olivenöl
Salz, Pfeffer aus der Mühle

Für das Topping:
etwa 2 EL gehackte Pistazien
einige Minzblätter
1 TL abgeriebene Bio-Orangenschale
Olivenöl
grobes Salz
Pfeffer aus der Mühle

Außerdem:
200–250 g Cashew-Ricotta (s. S. 59)
3 geröstete oder vorgekochte Rote Beten (etwa 400 g; s. S. 107)

1 – Die Minze waschen, trocken schütteln und die Blätter abzupfen. Mit den Pistazien fein hacken und in eine mittelgroße Schale geben. Den Knoblauch schälen und dazureiben. Orangenschale, -saft und Öl dazugeben und alles gut mischen. Das Pesto mit Salz und Pfeffer abschmecken.

2 – Den Cashew-Ricotta auf einen großen Teller oder eine Platte geben und mit dem Löffelrücken nach außen hin verteilen.

3 – Die Roten Beten in sehr feine Scheiben schneiden oder hobeln und fächerartig auf dem Cashew-Ricotta auslegen. Ein Teil des Pistazien-Minz-Pestos klecksartig darauf verteilen. Den Rest des Pestos in einer kleinen Schale dazu servieren.

4 – Das Rote-Bete-Carpaccio mit Pistazien, Minzblättern, Orangenschale, Öl, Salz und Pfeffer garnieren. Dazu knuspriges Brot servieren und geniessen.

TIPP

Das Carpaccio schmeckt auch superlecker mit Blutorangen statt herkömmlichen Orangen.

Lauwarmer Gurkensalat

Für 2 Portionen

500 g kleine Bio-Salatgurken
15 g gemischte Kräuter (z.B. Petersilie und Koriander)
2 Knoblauchzehen
2–3 EL natives Olivenöl extra
1 TL Korianderkörner
½ TL (schwarze) Senfkörner
Salz
Pfeffer aus der Mühle
½ rote Peperoni
abgeriebene Schale und Saft von ½ Bio-Zitrone

1 – Die Gurken waschen und in 0,5–1 cm dicke Scheiben schneiden. Die Kräuter waschen und trocken schütteln, die Blätter abzupfen und grob hacken. Den Knoblauch schälen und in feine Scheiben schneiden.

2 – Das Öl in einer Pfanne bei mittlerer Hitze erhitzen und Knoblauch, Gewürze und Peperoni darin ein paar Minuten anrösten. Der Knoblauch und die Gewürze sollen schön goldig werden. Achtung, das Öl soll nicht rauchen.

3 – Die Pfanne vom Herd nehmen und die Gurkenscheiben in dem Knoblauch-Gewürze-Mix schwenken. Sofort auf eine Platte oder in eine Schüssel geben. Mit Zitronenschale und -saft sowie den Kräutern mischen und genießen.

DU MAGST NICHT AUF GANZE GEWÜRZKÖRNER BEISSEN ODER HAST KEINE IN DEINEM VORRATSSCHRANK? DANN VERWENDE EINFACH GEMAHLENE GEWÜRZE. DANN SOLLTEST DU ZUERST DEN KNOBLAUCH ANRÖSTEN UND DANN NUR KURZ DIE GEMAHLENEN GEWÜRZE DAZUGEBEN, DAMIT SIE NICHT BITTER WERDEN.

Gerösteter Topinambur
mit Haselnüssen und Thymian

Für 2 Portionen
Für den Topinambur-Salat:
550–600 g Topinambur
1 ½ EL natives Olivenöl extra
1 EL Balsamico Bianco (oder Apfelessig)
2 EL Orangensaft
1–2 Knoblauchzehen, gerieben
2–4 Zweige Thymian
Salz
Pfeffer aus der Mühle

Außerdem:
60 g geröstete Haselnüsse
2 EL Orangensaft
1 EL Balsamico Bianco
1 EL natives Olivenöl extra
Salz (nach Belieben)
Pfeffer aus der Mühle (nach Belieben)

1 – Für den Topinambur-Salat den Backofen auf 180 °C vorheizen. Die Topinamburknollen waschen, schälen und in 0,5–1 cm dicke, längliche Stücke schneiden. In einer ofenfesten Form Öl, Essig, Orangensaft, Knoblauch und Thymian mischen und mit Salz und Pfeffer abschmecken.

2 – Dann die Topinamburstücke hineingeben, mit der Marinade mischen und im Ofen (Mitte) 40–45 Minuten rösten. Zwischendurch immer mal wieder mit einem Löffel durchmischen, damit der Topinambur gleichmäßig röstet.

3 – Den gerösteten Topinambur auf einer Platte anrichten. Die Haselnüsse grob hacken und darüberstreuen. Mit Orangensaft, Essig und Öl beträufeln und gegebenenfalls mit Salz und Pfeffer abschmecken.

TIPP
Mit seinem hohen Gehalt an dem Ballaststoff Inulin ist Topinambur ein perfektes präbiotisches Lebensmittel. Es eignet sich gut für Gerichte wie Suppen und Herbstsalate.

GERÖSTETE
HASELNÜSSE

GERÖSTETE
ROTE BETE

Wintersalat

mit Roter Bete, Birnen und Trauben

Für 2–3 Portionen

Für den Salat:
50 g Portulak
80 g Grünkohl
100 g gemischte Wildkräuter
2–3 geröstete Rote Beten (s. S. 107)
2 Birnen (etwa 250 g)
150 g Rote Trauben
60 g geröstete Walnüsse und Pistazien
Radieschen oder Rettich Microgreens (nach Belieben)

Für das Dressing:
2 EL Apfel-Meerrettich Senf (oder anderer fruchtiger Senf, z.B. Feige oder Orange)
1 ½ EL Mandelmus
½ EL Ahornsirup
3 EL Orangensaft
1 kleine Knoblauchzehe, gerieben
3 EL Balsamico Bianco
4 EL natives Olivenöl extra
Salz
Pfeffer aus der Mühle

1 – Für den Salat Portulak, Grünkohl und Wildkräuter waschen, trocken schleudern, etwas kleiner zupfen und in eine große Schüssel geben.

2 – Die Roten Beten in Scheiben schneiden. Die Birnen waschen, vierteln, entkernen und in Scheiben schneiden. Die Trauben waschen und trocken tupfen. Alles zum Salat in die Schüssel geben.

3 – Für das Dressing alle Zutaten bis auf das Öl in einer kleinen Schüssel mischen. Langsam das Öl einlaufen lassen und mit einem Schneebesen zu einem sämigen Dressing verrühren. Mit Salz und Pfeffer abschmecken und mit den gerösteten Nüssen toppen.

4 – Das Dressing mit den Salatzutaten mischen und den Wintersalat sofort servieren.

Gegrillter Fenchel
auf Zitrussalat

Für 2–3 Portionen
2 Fenchelknollen (400–500 g; mit Grün)
2 EL Olivenöl
Salz
Pfeffer aus der Mühle
1 große Grapefruit (etwa 480 g)
2 große Orangen (etwa 580 g)
½ grüne Jalapeño
1 EL Dillspitzen
2 EL Pinienkerne

1 – Die Fenchelknollen waschen und den oberen Teil mit Grün abschneiden und zur Seite legen. Die Fenchelknollen unten dünn anschneiden, sodass die Knollen noch zusammenhalten, dann der Länge nach halbieren und jede Hälfte in 6–8 Spalten schneiden. Mit 1 EL Öl, Salz und Pfeffer mischen und in einer (Grill-)Pfanne bei mittlerer Hitze pro Seite 7–9 Minuten grillen. Die Fenchelspalten sollen nicht mehr roh sein, aber einen leichten Biss haben.

2 – Inzwischen Grapefruit und Orangen so großzügig schälen, dass auch die weiße Haut mit entfernt wird. Das Fruchtfleisch aus den Trennhäuten schneiden und in eine Schüssel geben. Mit der Hand leicht den Saft aus der übriggebliebenen »Haut« und den Schalen direkt in die Schüssel drücken.

3 – Die Fenchelstangen, die nicht zu holzig sind, in feine Scheiben schneiden. Das Fenchelgrün fein hacken und beiseitelegen. Jalapeño in feine Scheiben schneiden. Fenchelscheiben, Jalapeño und Dill zu den Zitrusfilets geben. Mit restlichem Öl (1 EL), Salz und Pfeffer mischen.

4 – In einer kleinen Pfanne die Pinienkerne ohne Fett goldbraun rösten. Den Zitrussalat auf einer Platte oder in einer großen Schüssel verteilen und die gegrillten Fenchelspalten darauf anrichten. Mit Pinienkernen, Fenchelscheiben und -grün garniert servieren.

HANFSAMEN

Gegrillte Zucchini mit weißen Bohnen
und Hanf-Basilikum-Dressing

Für 2 Portionen
200 g weiße Bohnen (aus der Dose)
15 g Basilikumblätter
4–5 EL geschälte Hanfsamen
½ Knoblauchzehe
½ TL Ahornsirup (oder anderes Süßungsmittel)
2 EL Olivenöl
3 EL Zitronensaft
450 g Zucchini
Salz
Pfeffer aus der Mühle
Basilikumblätter und Hanfsamen als Topping (nach Belieben)

1 – Die Bohnen in ein Sieb abgießen, waschen und abtropfen lassen.

2 – Für das Dressing Basilikum waschen und trocken schütteln. Mit Hanfsamen, Knoblauch, Ahornsirup, 1 EL Öl, Zitronensaft und 2–3 EL Wasser in ein hohes Gefäß geben und mit dem Stabmixer (oder im Mixer) fein pürieren.

3 – Die Zucchini putzen, waschen und in 2 cm dicke Scheiben schneiden. Mit dem restlichen Öl (1 EL) mischen und mit Salz und Pfeffer würzen. Eine Grillpfanne auf mittlerer Stufe erhitzen und die Zucchini darin auf jeder Seite 5–6 Minuten grillen. In derselben Pfanne die Bohnen kurz anbraten.

4 – Die gegrillten Zucchini mit den Bohnen und dem Dressing mischen und auf einer Platte oder in einer Schüssel anrichten. Nach Belieben mit Basilikumblättern und Hanfsamen bestreuen.

Vollkornlinguine mit ofengeschmorten Tomaten
und Gremolata

Für 2 Portionen

Für die ofengeschmorten Tomaten:
600 g Rispentomaten
1 Handvoll Zweige Thymian
3 große Knoblauchzehen
etwa 4 EL natives Olivenöl extra
Salz
Pfeffer aus der Mühle

Für den Cashew-Hanf-Parmesan:
70 g ungeröstete Cashewkerne
40 g geschälte Hanfsamen
3 EL Hefeflocken
Salz

Für die Gremolata:
1 kleines Bund Petersilie (etwa 15 g)
1 Knoblauchzehe
abgeriebene Schale von 1 Bio-Zitrone

Außerdem:
250–300 g Vollkorn- oder Dinkellinguine
2 EL Zitronensaft
10 g Basilikumblätter
Salz
Pfeffer aus der Mühle
etwas abgeriebene Bio-Zitronenschale (nach Belieben)

1 – Für die ofengeschmorten Tomaten den Backofen auf 150 °C vorheizen. Tomaten waschen und der Länge nach halbieren. Auf ein mit Backpapier ausgelegtes Backblech legen. Thymian waschen, trocken schütteln, grob zerrupfen und mit den Knoblauchzehen (mit Schale) ebenfalls auf das Blech geben. Mit 2 EL Öl beträufeln, mit Salz und Pfeffer würzen und im Ofen (Mitte) etwa 1 Stunde rösten. Dabei alle 10–15 Minuten die Ofentür öffnen, damit etwas Feuchtigkeit entweichen kann und so die Tomaten beim Rösten auch leicht antrocknen.

2 – Für den Cashew-Hanf-Parmesan Cashewkerne, Hanfsamen, Hefeflocken und ¼ TL Salz im Mixer so lange pulsieren, bis eine feinbröckelige Masse entstanden ist. In ein Glas mit Deckel abfüllen und im Kühlschrank aufbewahren (siehe Tipp).

3 – Für die Gremolata die Petersilie waschen und trocken schütteln, die Blätter abzupfen und fein hacken. Den Knoblauch schälen und fein hacken. Beides mit der Zitronenschale in einer kleinen Schüssel mischen.

4 – Kurz bevor die Tomaten fertig sind, Salzwasser in einem Topf zum Kochen bringen und die Nudeln darin nach Packungsangabe bissfest kochen.

5 – Die Tomaten aus dem Ofen nehmen und die holzigen Thymianzweige so gut es geht entfernen. Die Nudeln mit einer Zange aus dem Wasser heben (etwa 100 ml Nudelwasser aufheben) und zu den Tomaten geben.

6 – Den gerösteten Knoblauch aus der Schale quetschen und mit einer Gabel gut zerdrücken, Zitronensaft, restliches Öl (2 EL), Basilikumblätter und mindestens 50 ml des Nudelwassers ebenfalls auf das Blech geben (gegebenenfalls mehr). Alles gut mischen und mit Salz und Pfeffer und nach Belieben Zitronenschale würzen.

7 – Die Linguine auf Teller verteilen und mit Gremolata und Cashew-Hanf-Parmesan servieren.

TIPP

Die Zutaten für den selbst gemachten veganen Parmesan ergeben etwa 130 g Parmesan. Er hält sich im Kühlschrank rund 2 Wochen.

Rote-Linsen-Penne
mit orientalischem Paprikapesto

Für 2–3 Portionen

Für das Paprikapesto:
2 rote Paprikaschoten (etwa 500 g; ersatzweise 2 geröstete rote Paprikaschoten aus dem Glas)
80 g Walnusskerne
1 Knoblauchzehe
½ rote Peperoni (nach Belieben)
1 EL Dattelsirup
1 TL süßes Paprikapulver
½ TL geräuchertes Paprikapulver (nach Belieben)
1 TL Kreuzkümmelsamen
1 TL Sumach
1 EL Zitronensaft
2 EL Olivenöl
Salz
Pfeffer aus der Mühle

Für die Joghurtsauce:
1–2 EL Koriandergrün
2–3 EL pflanzlicher Joghurt
1 EL Zitronensaft
½ TL Sumach
¼ TL Knoblauch, gerieben (nach Belieben)
½ TL Schwarzkümmelsamen (nach Belieben)
Salz
Pfeffer aus der Mühle

Für das Paprikaöl:
2 EL Olivenöl
½ TL rosenscharfes Paprikapulver

Außerdem:
Salz
200 g Rote-Linsen-Penne
etwas Koriandergrün (nach Belieben)
Schwarzkümmelsamen (nach Belieben)
Chiliflocken (z. B. Pul Biber; nach Belieben)

1 – Für das Paprikapesto den Backofen auf 200 °C vorheizen. Die Paprikaschoten längs halbieren und waschen. Auf ein mit Backpapier ausgelegtes Backblech geben und im Ofen (Mitte) etwa 30 Minuten rösten. Dann in einer Papiertüte etwa 10 Minuten abkühlen lassen. Schale und Kerne entfernen.

2 – Die Walnüsse in einer Pfanne ohne Fett goldbraun rösten. Den Knoblauch schälen und fein reiben. Nach Belieben die Peperoni entkernen und klein schneiden. Paprika, Nüsse, Knoblauch und Peperoni mit den restlichen Zutaten im Mixer oder mit dem Stabmixer pürieren, bis eine leicht stückige, pestoartige Konsistenz entstanden ist. Mit Salz und Pfeffer abschmecken.

3 – Für die Joghurtsauce den Koriander waschen, trocken tupfen und grob hacken. Mit Joghurt, Zitronensaft, Sumach und nach Belieben Knoblauch und Schwarzkümmel in einer kleinen Schüssel mischen. Sauce mit Salz und Pfeffer abschmecken.

4 – Für das Paprikaöl das Öl in einem kleinen Topf bei mittlerer Temperatur erhitzen. Das Öl soll nicht rauchen! Das Paprikapulver dazugeben und ein paar Minuten schwenken, damit das Paprikapulver seine ätherischen Öle entfaltet und so das Öl den Geschmack des Paprikapulvers annimmt.

5 – Reichlich Salzwasser zum Kochen bringen und die Penne darin nach Packungsangabe bissfest garen. Ein paar EL Nudelkochwasser abnehmen und beiseitestellen. Die Pasta in ein Sieb abgießen und mit dem Pesto mischen. Löffelweise etwas Nudelkochwasser untermischen.

6 – Die Rote-Linsen-Penne auf Teller oder Schalen verteilen, mit der Joghurtsauce und dem Paprikaöl beträufeln und nach Belieben mit Koriander, Schwarzkümmel und Chiliflocken garnieren. Den restlichen Joghurt und das Paprikaöl zur Pasta reichen.

Gegrillte Ananas-Tofu-Spieße
auf lauwarmen Thai-Reisnudeln

Für 2–3 Portionen

Für die Spieße:
½ EL milde Currypaste
1 ½ EL Limettensaft
1 EL Sojasauce
200 g Tofu (Natur; 30 Minuten gepresst, s. S. 96)
350–400 g Ananasfruchtfleisch
10 g Thai-Basilikumblätter
neutrales Öl zum Grillen

Für die Nudeln:
2 kleine Frühlingszwiebeln
150 g Shiitakepilze
1 Karotte
1 EL neutrales Öl
½ TL Ingwer, gerieben
170 g Reisnudeln
1 EL Tamarindenpaste
1 TL milde Currypaste
1 EL Cashewmus
etwa 1 ½ EL Limettensaft
2 EL Sojasauce
2 TL Kokosblütenzucker
1 TL geröstetes Sesamöl
70 g Mungobohnensprossen
15 g Thaibasilikum und Koriandergrün
40 g geröstete Cashewkerne

Außerdem:
6 Holzspieße
4–6 Limettenspalten (nach Belieben)

1 – Die Holzspieße etwa 1 Stunde in kaltes Wasser legen, damit sie beim Grillen nicht verbrennen.

2 – Für die Spieße Currypaste, Limettensaft und Sojasauce in einer Schüssel verrühren. Den gepressten Tofu in 12 Stücke schneiden und in der Marinade mindestens 30 Minuten marinieren.

3 – Ananasfruchtfleisch in 18 Stücke schneiden, das Basilikum waschen und trocken tupfen. Tofu, Ananas und Basilikum abwechselnd auf die Spieße stecken. Das Öl in einer (Grill-)Pfanne erhitzen und die Spieße darin bei mittlerer Hitze rundum braten.

4 – Für die Nudeln die Frühlingszwiebeln putzen, waschen und in Ringe schneiden. Die Pilze putzen und gegebenenfalls etwas zerkleinern. Die Karotte putzen, schälen und fein raspeln.

5 – Das Öl in einer Pfanne erhitzen und die Frühlingszwiebeln darin bei mittlerer Hitze anbraten. Ingwer, Pilze und Karotte dazugeben und weitere 5 Minuten braten.

6 – Die Nudeln nach Packungsangabe kochen und in ein Sieb abgießen. In einer kleinen Schüssel Tamarindenpaste, Currypaste, Cashewmus, Limettensaft, Sojasauce, Kokosblütenzucker und Sesamöl mischen.

7 – Die Mungobohnensprossen zu dem Pilzgemüse geben, kurz schwenken und gleich die Sauce hinzufügen. Die Pfanne vom Herd nehmen und die Nudeln untermischen.

8 – Die Kräuter waschen und trocken schütteln, die Blätter abzupfen und grob hacken. Die Cashewkerne ebenfalls hacken. Beides unter die Nudeln mischen. Die Thai-Reisnudeln mit jeweils 2–3 Spießen und nach Belieben mit Limettenspalten servieren.

KOKOS-FURIKAKE
(S. S. 49)

Supergrünes Frühlingscurry

mit Brokkoli und Erbsen

Für 2 Portionen
250 g Brokkoli
Salz
150 g Erbsen (TK)
20 g Babyspinat
20 g Basilikum
20 g Koriandergrün
50 g Frühlingszwiebeln
1 große Knoblauchzehe
1 Stück Ingwer (2 cm)
1 ½–2 EL Sojasauce
1–1 ½ TL helle Misopaste
1 Dose Kokosmilch (400 ml)
2–3 Kaffir-Limettenblätter
1 Spritzer Limettensaft (nach Belieben)

1 – Den Brokkoli putzen, waschen und in Röschen teilen. In einer Pfanne Wasser zum Kochen bringen, salzen und darin zuerst den Brokkoli 1–2 Minuten blanchieren. Dann die Erbsen dazugeben und weitere 2–3 Minuten blanchieren. Das Gemüse in ein Sieb abgießen, kalt abschrecken und abtropfen lassen.

2 – Spinat und Kräuter waschen und trocken schleudern. Frühlingszwiebeln putzen, waschen und klein schneiden. Knoblauch und Ingwer schälen. Alles mit Sojasauce und Misopaste in einem hohen Gefäß mit dem Stabmixer fein pürieren. Mit Kokosmilch und Kaffir-Limettenblättern in einen Topf geben, kurz aufkochen und das Gemüse dazugeben.

3 – Das Curry bei mittlerer Hitze 5–10 Minuten köcheln lassen, bis das Gemüse weich ist, aber noch Biss hat. Mit Kokos-Furikake (s. S. 49), Vollkorn-Naturreis oder Quinoa servieren und nach Belieben mit einem Spritzer Limettensaft beträufeln.

Wintergemüse
in cremigem Kurkuma-Kokos-Sud

~

Für 2 Portionen

2 Schalotten
170 g Hokkaidokürbisfruchtfleisch
100 g Schwarzkohl
200 g weiße Bohnen (aus der Dose)
2–3 Knoblauchzehen
2 TL natives Kokosöl
1 EL frische Kurkuma, gerieben (oder 2 TL gemahlene Kurkuma)
½ EL Ingwer, gerieben
2 EL helle Misopaste
1 TL Sojasauce
700 ml Gemüsebrühe
1 Dose Kokosmilch (400 ml)
Salz
Pfeffer aus der Mühle

1 – Die Schalotten schälen und fein würfeln. Den Kürbis in Würfel schneiden. Den Schwarzkohl waschen und in Streifen schneiden. Bohnen in ein Sieb abgießen, waschen und abtropfen lassen. Den Knoblauch schälen und fein würfeln.

2 – In einem Topf das Kokosöl erhitzen, Knoblauch, Kurkuma und Ingwer dazugeben und kurz anbraten. Die Misopaste dazugeben, ebenfalls kurz anbraten und mit Sojasauce, Brühe und Kokosmilch ablöschen.

3 – Den Sud bei mittlerer Hitze etwa 10 Minuten köcheln lassen, dann das Gemüse dazugeben und weitere 15 Minuten köcheln lassen. Ganz am Ende die Bohnen dazugeben. Das Gemüse mit Salz und Pfeffer abschmecken.

TIPP

Du bekommst keinen Schwarzkohl? Dann bereite das Gemüse mit Grünkohl zu. Wenn du weniger Brühe verwendest, wird daraus ein feines Currygericht.

Sommerliche Kartoffelpizzen
mit Zucchini-Kräuter-Topping

Für 2–3 Portionen (4 kleine Pizzen)

Für die Kartoffelpizzen:
600 g vorwiegend festkochende Kartoffeln, 10–15 min vorgekocht und über Nacht im Kühlschrank abgekühlt
1–2 Knoblauchzehen
2 Frühlingszwiebeln
3 EL Kichererbsenmehl
1 EL gemahlene Leinsamen
2 EL Hefeflocken
1 TL Olivenöl
1 EL pflanzliche Milch
Salz
Pfeffer aus der Mühle
Olivenöl zum Bepinseln

Für das Topping:
200 g Zucchini
4 Radieschen
15 g Basilikum und Petersilie
25 g Kürbiskerne
Saft und abgeriebene Schale von ½ Bio-Zitrone
1 EL Olivenöl
1 TL Dijonsenf
1 TL Ahornsirup
Salz
Pfeffer aus der Mühle

1 – Für die Kartoffelpizzen den Backofen auf 180 °C vorheizen und ein Backblech mit Backpapier auslegen. Die Kartoffeln pellen und in eine Schüssel raspeln. Knoblauch schälen und dazureiben. Frühlingszwiebeln putzen, waschen und klein hacken. Ebenfalls in die Schüssel geben. Die restlichen Zutaten, 1 TL Salz und etwas Pfeffer hinzufügen und alles mit den Händen etwas »zerdrücken«.

2 – Die Masse in vier gleich große Portionen teilen, auf das Blech geben und zu runden Fladen formen. Mit dem Öl bepinseln und im Ofen (Mitte) etwa 20 Minuten backen, dann wenden und weitere 10–15 Minuten backen, bis die Kartoffelpizzen goldbraun und leicht knusprig an den Rändern sind.

3 – Inzwischen für das Topping die Zucchini putzen, waschen und raspeln. Die Radieschen waschen und fein schneiden. Basilikum und Petersilie waschen und trocken schütteln, die Blätter abzupfen und fein hacken. Die Kürbiskerne in einer Pfanne ohne Fett rösten, bis sie leicht aufploppen und knistern. Alles in eine Schüssel geben.

4 – Zitronensaft und -schale, Öl, Senf, Ahornsirup, Salz und Pfeffer verrühren und kurz vor dem Servieren mit Zucchini, Radieschen, Kräutern und Kürbiskernen mischen.

5 – Die Kartoffelpizzen mit dem Zucchini-Kräuter-Topping belegen und sofort servieren.

Brokkoli-Kuku

mit Kräutern, Berberitzen und Walnüssen

Für 2 Portionen

Für das Kuku:

200 g Brokkoli
50 g Lauch
1 große Schalotte
2 Knoblauchzehen
40 g gemischte Kräuter (z. B. Petersilie, Koriandergrün, Minze, Dill)
30 g Babyspinat
2–3 EL Olivenöl
50 g Kichererbsenmehl
4 EL Pfeilwurzelstärke
200 ml pflanzliche Milch (z. B. Soja, Mandel)
1 TL Kala Namak (Schwarzsalz)
½ TL gemahlene Kurkuma
1 TL Sumach
½ TL gemahlener Kreuzkümmel
1 Msp. gemahlener Zimt
30 g gehackte Walnüsse
25 g Berberitzen

Für das Topping:

3–4 EL Granatapfelkerne
2–3 EL gehackte Walnüsse
einige Minzeblätter

1 – Für das Kuku Brokkoli putzen, waschen und in Röschen teilen. Lauch putzen, waschen, längs halbieren und fein hacken. Schalotte und Knoblauch schälen und fein würfeln. Kräuter und Babyspinat waschen und trocken schleudern. Beides grob zerkleinern.

2 – In einer Pfanne 1 EL Öl erhitzen, Lauch, Schalotte und Knoblauch darin bei mittlerer Hitze etwa 10 Minuten dünsten. Dann in eine Schüssel geben und etwas abkühlen lassen.

3 – Inzwischen den Brokkoli nach und nach in den Mixer geben und kurz zerkleinern (Strunk zuerst, dann die Röschen), bis alles recht klein, aber nicht matschig ist. Brokkoli zum Lauch-Schalotten-Mix in die Schüssel geben. Kräuter und Spinat ebenfalls im Mixer zerkleinern und in die Schüssel geben. Restliche Zutaten dazugeben und alles gut mischen.

4 – Eine mittelgroße Pfanne (siehe Tipp) bei mittlerer Temperatur erhitzen und das restliche Öl (1–2 EL) dazugeben. Die Kuku-Mischung hinzufügen, mit einem Spachtel oder Holzlöffel gleichmäßig verteilen und zuerst etwa 5 Minuten bei mittlerer Hitze und dann weitere 15 Minuten bei schwacher Hitze braten. Damit das Kuku nicht zu dunkel wird, gegebenenfalls die Temperatur etwas herunterschalten.

5 – Das Kuku vorsichtig wenden und weitere 10–15 Minuten braten. Zum Wenden entweder das Kuku vierteln und jedes Viertel vorsichtig wenden oder einen Teller mit etwas Öl bepinseln, auf die Pfanne legen, umdrehen und das Kuku wieder in die Pfanne rutschen lassen. Den Herd ausschalten und das Kuku in der Pfanne auskühlen lassen.

6 – Kuku auf einer Platte anrichten und mit Granatapfelkernen, Walnüssen und Minzeblättern dekorieren.

KUKU IST EINE PERSISCHE FRITATTA BZW. QUICHE OHNE BODEN. ICH VERWENDE ZUM BRATEN EINE BESCHICHTETE PFANNE MIT 24 CM DURCHMESSER (MIT DECKEL). ES GEHT NATÜRLICH AUCH MIT EINER GRÖSSEREN PFANNE, DANN WIRD DAS KUKU ETWAS DÜNNER.

SÜSSKARTOFFEL-NAAN

Jackfrucht-Ragout auf Süßkartoffel-Naan

Für 2–3 Portionen

Für das Jackfrucht-Ragout:
1 rote Zwiebel
2 Knoblauchzehen
1 EL Olivenöl
200 g Jackfrucht (trockene aus der Packung oder gut abgetropfte aus der Dose)
1 TL Paprikapulver
1 TL gemahlener Kreuzkümmel
1 TL Kakaopulver
1 Prise gemahlener Zimt
1 getrocknetes Lorbeerblatt
2 EL Tomatenmark
1 TL helle Misopaste
1 EL Sojasauce
1 EL Aceto balsamico
150 ml Gemüsebrühe (oder Wasser)

Für das Süßkartoffel-Naan:
1 Rezept Süßkartoffel-Naan (s. S. 108)

Für das Knoblauch-Koriander-Öl:
3–4 EL natives Olivenöl extra
1–2 Knoblauchzehen, gerieben
2 TL Koriandergrün, fein gehackt

Außerdem:
eingelegte rote Zwiebeln (s. S. 54)
einige Blätter Koriandergrün

1 – Für das Jackfrucht-Ragout die Zwiebel schälen und in feine Streifen schneiden. Den Knoblauch schälen und fein würfeln. Das Öl in einer Pfanne erhitzen und die Zwiebel darin 2 Minuten glasig andünsten. Knoblauch und Jackfrucht dazugeben, mit dem Kochlöffel etwas zerrupfen und kurz anbraten.

2 – Nach und nach die Gewürze dazugeben und kurz anbraten, dann das Tomatenmark untermischen. Mit Misopaste, Sojasauce, Essig und Brühe ablöschen und alles bei schwacher Hitze 15–20 Minuten köcheln lassen.

3 – Das Süßkartoffel-Naan nach Rezept zubereiten und in einer heißen Pfanne ohne Öl auf jeder Seite 2 Minuten ausbacken, dabei die erste Minute mit Deckel, so kann der Teig gut aufgehen.

4 – Für das Knoblauch-Koriander-Öl alle Zutaten mischen. In ein Schraubglas füllen und im Kühlschrank aufbewahren. So hält es etwa 2 Wochen.

5 – Süßkartoffel-Naan mit Jackfrucht-Ragout, eingelegten Zwiebeln und Koriander belegen, etwas Knoblauch-Koriander-Öl darüberträufeln und sofort servieren.

Brokkoli-Quinoa-Bowl

mit Kurkuma-Tahin-Dressing

~

Für 2 Portionen

Für die Bowl:
400 g Brokkoli
180 g gegarte Kichererbsen (Dose/Glas)
1 TL Baharat (arabische Gewürzmischung)
½ TL gemahlene Kurkuma
2–3 EL Zitronensaft
2 EL Olivenöl
Salz
Pfeffer aus der Mühle
200 g Quinoa

Für das Dressing:
3 EL Tahin (Sesammus)
3 EL Zitronensaft
½ Knoblauchzehe, gerieben
½ TL Kurkumapulver
1 TL Ahornsirup
1 EL Olivenöl
Salz
Pfeffer aus der Mühle

Für das Topping:
2 Handvoll Portulak (oder Babyspinat)
4 EL geröstete Mandeln, grob gehackt

1 – Für die Bowl den Backofen auf 180 °C vorheizen. Brokkoli putzen, waschen und die Röschen abschneiden. Den Strunk für ein anderes Gericht, wie z. B. Kuku, aufheben. Die Kichererbsen in einem Sieb abtropfen lassen. Die Brokkoliröschen auf eine Seite und die Kichererbsen auf die andere Seite eines mit Backpapier ausgelegten Backblechs geben und mit Baharat-Gewürz, Kurkuma, Zitronensaft, Öl sowie Salz und Pfeffer würzen. Im Ofen (Mitte) 15–20 Minuten rösten.

2 – Die Quinoa nach Packungsanleitung in Salzwasser etwa 15 Minuten garen, in ein Sieb abgießen und abtropfen lassen.

3 – Für das Dressing in einer kleinen Schüssel das Tahin mit Zitronensaft und 4 EL Wasser verrühren, dann Knoblauch, Kurkuma, Ahornsirup und Öl unterrühren und mit Salz und Pfeffer abschmecken.

4 – Portulak waschen und trocken schütteln. Die gegarte Quinoa in tiefen Tellern oder Schalen verteilen, Brokkoli und Kichererbsen darauf anrichten und mit Portulak und Mandeln toppen. Das Dressing dazu servieren.

TIPP

Perfekt für Meal Prep: Bereite die einzelnen Komponenten in doppelter Menge zu und du hast auch gleich noch für den nächsten Tag eine leckere Bowl!

EINGELEGTE
ROTE ZWIEBELN

Erbsenstampf mit glasierter Aubergine
und Tahin Joghurt Dressing

Für 2–3 Portionen

Für die glasierte Aubergine:
300–350 g Aubergine
Salz
1 Knoblauchzehe
1 TL Harissapaste
1 EL Sojasauce
1 EL Ahornsirup
1 EL helle Misopaste
1 EL Apfelessig
1 EL Olivenöl

Für den Erbsenstampf:
350 g Erbsen
15 g Basilikum
1 kleine Knoblauchzehe
etwa 1 EL Limettensaft
Fruchtfleisch von ½ Avocado
2 TL Tahin (Sesammus)
etwa ½ EL Olivenöl
Salz
Pfeffer aus der Mühle

Für das Dressing:
2 EL Sojajoghurt
1 EL Tahin (Sesammus)
½ EL Limettensaft
½ TL Knoblauch, gerieben
Salz
Pfeffer aus der Mühle

Außerdem:
eingelegte rote Zwiebeln (nach Belieben, s. S. 54)
Pfeffer aus der Mühle (nach Belieben)

1 – Für die glasierte Aubergine die Aubergine längs in 6 gleichmäßige Spalten schneiden und auf ein Backblech legen. Jede Auberginenspalte mit ½ TL Salz bestreuen und etwa 20 Minuten Wasser ziehen lassen. Knoblauch schälen und in eine Schüssel fein reiben. Harissapaste, Sojasauce, Ahornsirup, Misopaste, Essig und Öl dazugeben und alles mit einem Löffel sämig rühren.

2 – Den Backofen auf 180 °C vorheizen. Auberginenspalten mit einem Tuch abtrocknen und das restliche Salz auf dem Blech entfernen, dann die Spalten mit drei Viertel der Glasur bepinseln und im Ofen (Mitte) 20–25 Minuten rösten. Nach 10–15 Minuten die restliche Glasur auf die Spalten pinseln und weiterrösten, bis die Auberginen weich und karamellisiert sind.

3 – Für den Erbsenstampf die Erbsen in kochendem Wasser 3–5 Minuten bissfest blanchieren. In ein Sieb abgießen, kalt abschrecken und gut abtropfen lassen.

4 – Basilikum waschen, trocken schleudern und grob zerzupfen. Knoblauch schälen. Beides mit Limettensaft, Avocado, Tahin, Öl sowie Salz und Pfeffer in einen hohen Behälter geben. Erbsen dazugeben und alles mit dem Stabmixer (oder im Mixer) mixen. Ich mag die Konsistenz etwas stückiger, aber feiner ist selbstverständlich auch lecker. Kurz vor dem Anrichten kann der Stampf noch einmal kurz im Topf leicht erwärmt werden.

5 – Für das Dressing alle Zutaten mit 2 EL Wasser in einer Schüssel verrühren. Das Dressing mit Salz und Pfeffer abschmecken.

6 – Zum Servieren zuerst den Erbsenstampf auf flachen Tellern verteilen, die Auberginenspalten darauf anrichten und mit dem Tahin-Joghurt-Dressing klecksartig beträufeln. Nach Belieben mit eingelegten roten Zwiebeln garnieren und mit Pfeffer bestreuen.

Pastinakenpüree mit Ofenkürbis
und Harissa-Knoblauch-Linsen

Für 2–3 Portionen

Für das Pastinakenpüree:
50 g Cashewkerne
500 g Pastinaken
200 ml pflanzliche Milch
3–4 geröstete Knoblauchzehen (s. S. 50)
1 EL Olivenöl
Salz
Pfeffer aus der Mühle

Für den Ofenkürbis:
650 g Hokkaidokürbis (ohne Kerne)
¾ TL gemahlener Zimt
½ TL gemahlener Kreuzkümmel
½ TL Baharat (oder Paprikapulver)
Salz
Pfeffer aus der Mühle
2 EL Olivenöl
1 EL Ahornsirup

Für die Harissa-Knoblauch-Linsen:
120 g Belugalinsen
Salz
2 Knoblauchzehen
2 EL Olivenöl
1 TL Harissapaste

Für die Gremolata:
60 g geröstete Haselnüsse
20 g Minze
1 TL abgeriebene Bio-Orangenschale
2 EL Orangensaft
1 TL Ahornsirup
1 EL Olivenöl
Salz
Pfeffer aus der Mühle

1 – Für das Pastinakenpüree die Cashewkerne in eine Schüssel geben und entweder über Nacht in kaltem Wasser einweichen oder mit kochendem Wasser übergießen, mit einem Teller abdecken und etwa 1 Stunde einweichen lassen.

2 – Für den Ofenkürbis den Backofen auf 180 °C vorheizen. Den Kürbis waschen und in etwa 4 cm breite Spalten schneiden. Gewürze mit Öl und Ahornsirup verrühren, die Kürbisspalten mit der Marinade beträufeln und auf ein mit Backpapier ausgelegtes Backblech legen.

3 – Die Pastinaken waschen, schälen und ebenfalls auf das Blech geben. Kürbis und Pastinaken im Ofen (Mitte) etwa 30 Minuten rösten.

4 – Inzwischen für die Harissa-Knoblauch-Linsen die Belugalinsen nach Packungsangabe in Salzwasser garen, abgießen und abtropfen lassen. Knoblauch schälen und fein würfeln.

5 – Für die Gremolata die Haselnüsse grob hacken. Die Minze waschen und trocken schütteln, die Blätter abzupfen und mit den Nüssen fein hacken, aber nicht matschig werden lassen. Die Nuss-Minz-Mischung in einer Schüssel mit Orangenschale, -saft, Ahornsirup, Öl, Salz und Pfeffer mischen.

6 – Für die Linsen das Öl in einer Pfanne erhitzen, Knoblauch und Harissapaste darin anrösten, dann die Linsen dazugeben und kurz anbraten.

7 – Die weich gerösteten Pastinaken mit den restlichen Püreezutaten im Mixer fein pürieren und mit Salz und Pfeffer abschmecken.

8 – Auf flache Teller oder in Pastateller zuerst etwas Püree verteilen, dann pro Person 4 Kürbisspalten und 3–4 EL Harissa-Knoblauch-Linsen darauf anrichten und mit etwas Haselnuss-Minz-Gremolata toppen. Die restliche Gremolata dazu servieren.

GREMOLATA
HARISSA-KNOBLAUCH-
LINSEN

Desserts & Gebäck

Auf Süßes zu verzichten ist für mich keine Option. Und süß und gesund muss sich nicht ausschließen. Meine Dessert- und Backrezepte enthalten keinen raffinierten Zucker – dafür extra viel Liebe! Von der Torte zum Geburtstag über den cremigen Nachtisch bis hin zur schnellen süßen Nascherei ist hier alles dabei – du hast jetzt nur noch die Qual der Wahl!

ESSBARE BLÜTEN
(Z. B. STIEFMÜTTERCHEN)

Goldener Chai-Mango-Kuchen

Für 1 Kuchen (etwa 22 cm Durchmesser)

Für den Belag:
250 g Cashewkerne
100 g Kokosmilch (nur das Feste, das sich oben ansammelt; daher die Dose nicht schütteln)
1 reife Mango (etwa 480 g)
350 g stichfester Kokosjoghurt (der selbst gemachte eignet sich hier nicht so gut)
100 ml Ahornsirup
1 ½–2 TL Kurkuma-Chai-Gewürz (s. S. 47)
2–2 ½ EL Pfeilwurzelstärke (je nachdem, wie fest der Kokosjoghurt ist)

Für den Boden:
100 g zarte Haferflocken
100 g gemahlene Mandeln
3 EL Kokosraspel (etwa 15 g)
80 ml Ahornsirup
2 EL Tahin (Sesammus)
Salz
1 Msp. gemahlene Vanille (nach Belieben)

Für das Topping:
150 g Mangofruchtfleisch
½ EL Limettensaft
1 TL Ahornsirup
1 Msp. gemahlene Vanille
4–5 gehäufte EL Kokosjoghurt
20 g Kokoschips
essbare Blüten (z. B. Stiefmütterchen; nach Belieben)

Außerdem:
Fett für die Form

1 – Am Vortag für den Belag die Cashewkerne in kaltem Wasser einweichen (alternativ mit kochend heißem Wasser übergießen und 2–3 Stunden zugedeckt einweichen). Die Kokosmilchdose über Nacht in den Kühlschrank stellen, damit sich das Kokosfett vom Kokoswasser trennt.

2 – Am Backtag den Backofen auf 180 °C Umluft vorheizen. Eine Springform (22 cm Durchmesser) einfetten und mit Backpapier sowohl am Boden als auch an den Seiten auslegen.

3 – Für den Boden die Haferflocken im Mixer oder in der Küchenmaschine etwas feiner mahlen. Mandeln, Kokosraspel, Ahornsirup, Tahin, 1 Prise Salz und Vanille nach Belieben dazugeben und mixen. Es sollte eine klumpige und auch etwas klebrige Masse entstehen. Falls nicht, etwa 1 EL heißes Wasser während des Mixens einträufeln lassen.

4 – Den Teig in die vorbereitete Form drücken, an den Seiten etwas hochziehen und den Boden mit einer Gabel mehrmals einstechen. Im Ofen (Mitte) etwa 15 Minuten vorbacken, herausnehmen und etwas abkühlen lassen. Den Ofen auf 160 °C Umluft herunterschalten und eine mit Wasser gefüllte ofenfeste Form auf den Ofenboden stellen.

5 – Für den Belag die Cashewkerne in ein Sieb abgießen. Die Mango schälen und vom Stein schneiden. Beides mit Kokosmilch, Kokosjoghurt, Ahornsirup, Kurkuma-Chai-Gewürz und Pfeilwurzelstärke im Mixer gut pürieren, bis eine feinsämige Masse entsteht. Die Mangomischung in die abgekühlte Form geben und etwas aufklopfen, damit etwaige Luftbläschen entweichen können.

6 – Die Form auf ein Backblech stellen und den Kuchen im Ofen (Mitte) 60 Minuten backen. Dann den Ofen ausschalten, die Tür leicht öffnen (am besten ein Tuch dazwischenklemmen) und den Kuchen 1 weitere Stunde im Ofen lassen. Den Chai-Mango-Kuchen im Kühlschrank mindestens 3–4 Stunden, am besten über Nacht auskühlen lassen.

7 – Am nächsten Tag für das Topping die Mango klein würfeln und mit Limettensaft, Ahornsirup und Vanille in einer kleinen Schüssel mischen. Kuchen aus dem Kühlschrank nehmen, zuerst mittig mit dem Kokosjoghurt toppen, dann die Mangomischung auf den Kokosjoghurt geben und mit Kokoschips und nach Belieben mit essbaren Blüten garnieren.

Vanilletarte mit Rhabarber
und Pistazien-Crunch

Für 1 Kuchen (24 cm Durchmesser)

Für den Boden:
150 g zarte Haferflocken
110 g gemahlene Mandeln
3 EL Dinkelvollkornmehl
Salz
¼ TL gemahlene Vanille
2 ½ EL Agavendicksaft (oder Ahornsirup)
3 gehäufte EL Kokosöl (etwa 50 g), geschmolzen

Für den Belag:
400 g Seidentofu
300 g veganer Quark (z. B. Sojaquark)
½ TL abgeriebene Bio-Zitronenschale
1 ½ EL Zitronensaft
100 ml Agavendicksaft
½–¾ TL gemahlene Vanille
3 EL Pfeilwurzelstärke

Für das Topping:
350 g Rhabarber (etwa 5 Stiele)
70 ml Agavendicksaft (oder Ahornsirup)
1 ½ TL abgeriebene Bio-Zitronenschale
1 TL Zitronensaft
3 EL Rosenwasser (ersatzweise Wasser)
1 Msp. gemahlene Vanille
½ TL Agar-Agar

Für den Pistazien-Crunch:
50 g geschälte Pistazien
½ EL Agavendicksaft (oder Ahornsirup)
1 Msp. gemahlener Kardamom (alternativ Vanille)

Außerdem:
Fett für die Form

1 – Den Backofen auf 180 °C Umluft vorheizen. Eine Springform (24 cm Durchmesser) einfetten und mit Backpapier auslegen. Für den Boden die Haferflocken im Mixer oder in der Küchenmaschine feiner mahlen. Mandeln, Mehl, 1 Prise Salz, Vanille und Agavendicksaft dazugeben. Während die Maschine läuft, das Kokosöl einträufeln lassen, sodass sich ein klumpiger Teig bildet.

2 – Teig in vorbereitete Form drücken, an den Seiten etwas hochziehen und den Boden mit einer Gabel mehrmals einstechen. Im Ofen (Mitte) etwa 10 Minuten vorbacken, herausnehmen und etwas abkühlen lassen. Temperatur auf 160 °C Umluft herunterschalten. Eine mit Wasser gefüllte ofenfeste Form auf den Ofenboden stellen.

3 – Für den Belag Seidentofu und Quark abtropfen lassen und im Mixer mit Zitronenschale und -saft, Agavendicksaft, Vanille und Pfeilwurzelstärke mischen, bis eine sämige Masse entstanden ist (alternativ geht das auch mit Schüssel und Schneebesen).

4 – Die Mischung in die Backform geben und den Kuchen im Ofen (Mitte) 60 Minuten backen. Dann den Ofen ausschalten, die Tür leicht öffnen (am besten ein Tuch dazwischenklemmen) und die Tarte 1 weitere Stunde im Ofen lassen. Die Vanilletarte im Kühlschrank mindestens 3–4 Stunden auskühlen lassen.

5 – Für das Topping Rhabarber waschen und die Enden abschneiden. Rhabarber in etwa 5 cm lange Stücke schneiden und gegebenfalls der Länge nach halbieren, damit alle Stücke gleichzeitig gar werden. Eine Pfanne bei mittlerer Temperatur erhitzen und Rhabarber darin mit Agavendicksaft, Zitronenschale und -saft, Rosenwasser und Vanille zugedeckt 8–10 Minuten köcheln lassen.

6 – Die Rhabarberstücke vorsichtig herausnehmen und auf die abgekühlte Tarte legen. Das Agar-Agar mit etwa 3 TL Wasser anrühren und in die Garflüssigkeit in der Pfanne geben. Weitere 2 Minuten köcheln lassen, bis sie leicht andickt. Sofort auf die Rhabarberstücke gießen und das Topping im Kühlschrank etwas abkühlen lassen.

7 – Für den Pistazien-Crunch die Pistazien in einer Pfanne etwas anrösten. Agavendicksaft und Kardamom dazugeben und weitere 3–4 Minuten rösten, dabei klebrig werden lassen. Auf einem Teller abkühlen lassen. Tarte mit dem Pistazien-Crunch garnieren.

TIPP

Die Tarte kannst du wunderbar saisonal abwandeln: Im Sommer passen Erdbeeren, im Herbst Pflaumen und im Winter Äpfel oder Birnen als Topping.

No-Bake Mini-Limetten-Cheesecakes

Ergibt 12 Mini-Cheesecakes

Für den Boden:
200 g Datteln (am besten Medjool-Datteln)
50 g Cashewkerne (oder Mandeln)
150 g Walnusskerne
Salz

Für den Belag:
200 g Cashewkerne
1 EL Kokosmehl
100 ml Agavendicksaft (oder Ahornsirup)
200 g stichfester Kokosjoghurt (der selbst gemachte eignet sich hier nicht so gut)
1 EL Cashewmus
120 ml Kokosmilch (dabei mehr vom Kokosfett abschöpfen)
½ TL gemahlene Vanille
abgeriebene Schale und Saft von 2 Bio-Limetten

Für das Topping:
abgeriebene Schale von 2–3 Bio-Limetten
12 dünne Bio-Limettenscheiben

1 – Zwei Tage, bevor du die Cheesecakes servieren möchtest, die Datteln (für den Boden) in wenig Wasser über Nacht einweichen. Die Cashewkerne (für den Belag) ebenfalls in kaltem Wasser über Nacht einweichen (alternativ mit kochend heißem Wasser übergießen und 2–3 Stunden zugedeckt einweichen).

2 – Am Backtag für den Boden Walnüsse, Mandeln, Datteln und 1 Prise Salz in der Küchenmaschine oder im Mixer so lange pulsieren, bis eine stückelige Masse entsteht. Gegebenenfalls 1 EL Wasser dazugeben, damit die Masse etwas formbar wird. Etwas von der Masse mit den Fingern zusammendrücken und wenn sie schön zusammenhält, ist die Nuss-Dattel-Masse perfekt.

3 – Die Mischung in die Vertiefungen eines Muffinblechs geben – 1–2 EL pro Mulde – und ordentlich mit den Fingern festdrücken. Blech ins Tiefkühlfach stellen, bis der Belag fertig ist.

4 – Für den Belag die Cashewkerne abgießen und abtropfen lassen. Mit den restlichen Zutaten im Mixer zu einer sämigen Masse pürieren. Muffinblech aus dem Tiefkühlfach nehmen und den Belag gleichmäßig auf die Förmchen verteilen. Mit Limettenschale dekorieren und über Nacht ins Gefrierfach stellen.

5 – Am nächsten Tag die Mini-Cheesecakes etwa 10 Minuten vor dem Servieren aus dem Tiefkühlfach nehmen, leicht auftauen lassen und dann mit einem Messer aus den Vertiefungen heben. Jeweils mit 1 Limettenscheibe dekorieren.

Schoko-Bananen-Kuchen
mit Haselnussmus-Swirls

Bananen sind gesund und vielseitig einsetzbar. Besonders bekömmlich für den Darm sind sie, wenn sie viele dunkle Punkte haben, daher kannst du sie gut auf Vorrat kaufen und zuhause reifen lassen.

Für 1 Kuchen (20 x 20 cm)

Fett für die Form
230 g Dinkelmehl
50 g rohes Kakaopulver
1 ½ TL Backpulver
1 TL Natron
Salz
470 g überreife Bananen (gern mit braunen Punkten auf der Schale)
80 ml Ahornsirup
1 EL Apfelessig
50 ml natives Olivenöl
5 EL Haselnussmus (oder anderes Nussmus)
½ Vanilleschote, ausgekratzt (oder ¼ TL gemahlene Vanille)
200 ml pflanzliche Milch

1 – Den Backofen auf 180 °C vorheizen. Eine Back- oder Auflaufform (etwa 20 x 20 cm) einfetten und gegebenenfalls mit Backpapier auslegen.

2 – In einer Schüssel Mehl, Kakao, Backpulver, Natron und 1 Prise Salz mischen. In einer zweiten Schüssel die Bananen mit einer Gabel fein zerdrücken, dann gut mit Ahornsirup, Essig, Öl, 1 EL Haselnussmus, Vanille und pflanzlicher Milch verrühren.

3 – Die trockenen Zutaten nach und nach unter die Bananenmischung heben und etwa 5–10 Minuten stehen lassen. Dann die Form mit der Hälfte des Teigs füllen, 2 EL Haselnussmus daraufgeben und etwas verteilen. Den restlichen Teig darüber verteilen und mit dem restlichen Haselnussmus (2 EL) garnieren: Dazu mit einem Holzstäbchen Formen ziehen.

4 – Den Schoko-Bananen-Kuchen im Ofen (Mitte) 40–45 Minuten backen (Stäbchenprobe machen).

Kernige Schokoriegel

Ich liebe diese knusprigen Getreide-Schoko-Riegel, denn sie sind wahre Tausendsassa, schmecken sie doch als Dessert, Frühstück to go oder gesunder Snack für zwischendurch.

Ergibt 10–12 Riegel

100 g dunkle Schokolade (85 % Kakaoanteil)
2 EL Sonnenblumenkerne
2 EL Kürbiskerne
60 g zarte Haferflocken
10 g gepuffter Amarant
25 g Buchweizen
1 ½ EL Chiasamen
1 EL Leinsamen (gekeimt oder geschrotet)
2 EL geschälte Hanfsamen
1 EL Macapulver (nach Belieben)
1 EL rohes Kakaopulver
3 EL Dattelsirup
4 EL Mandelmus
Salz

1 – Die Schokolade hacken und in einer Metallschüssel über dem heißen Wasserbad schmelzen. Sonnenblumen- und Kürbiskerne in einer Pfanne ohne Fett rösten, bis sie zu duften beginnen. Eine kleine Form (etwa 23 x 15 cm) mit Backpapier auslegen.

2 – Geröstete Kerne mit den restlichen Zutaten (bis auf das Mandelmus) und 1 Prise Salz in einer Schüssel mischen, in die Form füllen und glatt drücken. Dann die geschmolzene Schokolade darübergeben, das Mandelmus auf die Schokolade träufeln und mit einem Holzstäbchen Formen durch die flüssige Schokolade und das Mandelmus ziehen.

3 – Die Masse im Kühlschrank mindestens 1–2 Stunden trocknen lassen, aus der Form stürzen und in 10–12 Riegel schneiden. Die Schokoriegel halten sich im Kühlschank 3–4 Tage.

TIPP

Du hast noch Nüsse oder andere Kerne im Vorratsschrank? Dann kannst du die Schokoriegel gern nach deinem Gusto abwandeln.

Kichererbsen-Brownies

Ergibt etwa 9 Stück

Fett für die Form
1 EL Leinmehl (oder gemahlene Leinsamen)
4 Medjool-Datteln
150 g Kichererbsen (aus dem Glas)
100 g zarte Haferflocken
200 ml pflanzliche Milch
3 EL Kokosblütenzucker
2 EL Haselnussmus (oder anderes Nussmus)
50 g gemahlene Haselnüsse (oder Mandeln)
1 TL Apfelessig
½ TL Backpulver
½ TL Natron
¼ TL gemahlene Vanille
3 EL rohes Kakaopulver
Salz
50 g dunkle Schokolade (ich mag 85 %ige), in Stückchen gehackt

1 – Den Backofen auf 180 °C vorheizen. Eine Back- oder Auflaufform (etwa 20 x 20 cm) einfetten und mit Backpapier auslegen. In einer kleinen Schüssel Leinmehl mit 3 EL warmem Wasser verrühren und mindestens 10 Minuten andicken lassen. Die Datteln in heißem Wasser 10 Minuten einweichen und entsteinen.

2 – Kichererbsen in einem Sieb abtropfen lassen. Haferflocken im Mixer fein mahlen. Dann mit »Leinei«, Datteln, Kichererbsen, pflanzlicher Milch, Kokosblütenzucker, Haselnussmus, Nüssen, Essig, Backpulver, Natron, Vanille, Kakao und 1 Prise Salz 30–60 Sekunden mixen, bis alles gut vermischt ist. Die Masse muss nicht sehr fein sein, aber die Kichererbsen sollen nicht mehr ganz sein.

3 – Die Schokostückchen unter die Browniemasse heben, diese in die Form geben und glatt streichen.

4 – Kichererbsen-Brownies im Ofen (Mitte) etwa 30 Minuten backen. Die Stäbchenprobe machen, um zu testen, ob der Kuchen schon fertig gebacken ist. Gegebenenfalls noch ein paar Minuten weiterbacken. Herausnehmen, abkühlen lassen und in etwa 9 Stücke schneiden. Im Kühlschrank halten sich die Kichererbsen-Brownies etwa 3 Tage.

Weiche Vanille-Mandel-Kekse

Ergibt etwa 24 Stück

Für die Kekse:

1 EL Leinmehl (oder gemahlene Leinsamen)
230 g gemahlene Mandeln
1 TL Backpulver
1 TL Natron
70 ml Ahornsirup
1–2 EL Kokosblütenzucker (nach Belieben, wenn du es etwas süßer magst)
80 g Mandelmus
1 EL Apfelessig
1 TL gemahlene Vanille

Für das Topping:

60 g vegane Schokolade (nach Wahl)
10 g Pistazienkerne
1–2 EL gefriergetrocknete Erdbeeren
1–2 EL Rosenblüten

TIPP

Die Kekse sind ein super (Weihnachts-)Geschenk. Gib sie in ein schönes (Einmach-) Glas und verziere dieses z. B. mit Masking Tape oder einem liebevoll gestalteten Etikett.

1 – Für die Kekse den Backofen auf 180 °C vorheizen. Ein Backblech mit Backpapier auslegen. In einer kleinen Schüssel Leinmehl mit 3 EL warmem Wasser verrühren und mindestens 10 Minuten andicken lassen.

2 – In einer zweiten Schüssel gemahlene Mandeln, Backpulver, Natron, Ahornsirup, Kokosblütenzucker (nach Belieben), Mandelmus, Essig und Vanille mischen. Das »Leinei« dazugeben und alles zu einer formbaren Masse mischen.

3 – Mit einem Löffel von der Keksmasse je etwa 2 TL abnehmen, zu Bällchen formen, auf das Backblech legen und mit der Hand etwas flach drücken. Im Ofen (Mitte) 10–12 Minuten backen, herausnehmen und abkühlen lassen.

4 – Für das Topping die Schokolade hacken, in einer Metallschüssel über dem heißen Wasserbad (oder in der Mikrowelle) schmelzen. Die Pistazien in einer Pfanne ohne Fett rösten und grob hacken. Die gefriergetrockneten Erdbeeren im Mörser oder einfach mit den Händen mahlen bzw. zerbröseln.

5 – Die Kekse mit je 1–2 TL Schokolade nur zur Hälfte übergießen und mit Pistazien, Erdbeerbröseln und Rosenblüten dekorieren. Auf einem Bogen Backpapier trocknen lassen.

Orangen-Kardamom-Cookies
mit Tahin

Ergibt etwa 24 Kekse
200 g Tahin (Sesammus)
100 g Kokosblütenzucker
150 g Dinkelmehl
50 g gemahlene Mandeln
1 ½ TL gemahlener Kardamom
Salz
100 ml Aquafaba (Kichererbsen-Einlegeflüssigkeit; die Kichererbsen z. B. für den Kichererbsen-Hummus von S. 100 verwenden)
2 EL Orangensaft
etwa ½ EL abgeriebene Bio-Orangenschale
Kokosblütenzucker zum Bestreuen (etwa ⅓ TL pro Keks)
Sesam und abgeriebene Bio-Orangenschale zum Bestreuen (nach Belieben)

1 – Den Backofen auf 180 °C vorheizen. Ein Backblech mit Backpapier auslegen. Das Tahin mit dem Kokosblütenzucker in einer großen Schüssel mit einem Schneebesen oder im Mixer aufschlagen. Der Zucker soll sich etwas auflösen.

2 – In einer zweiten Schüssel Mehl, Mandeln, Kardamom und 1 Prise Salz mischen. In einer weiteren Schüssel das Aquafaba mit sauberem Schneebesen oder den Quirlen des Handrührgeräts so lange aufschlagen, bis eine festere weiße Masse entstanden ist, die aufgeschlagenem Eiweiß ähnelt.

3 – Das Aquafaba unter die Tahin-Zucker-Mischung heben, Orangensaft und -schale dazugeben und die Dinkel-Mandel-Mischung nach und nach unterheben, bis alles gut vermischt ist.

4 – Mit einem Esslöffel portionsweise etwas Teigmasse abnehmen, zu Bällchen formen, auf das Blech legen und mit jeweils ⅓ TL Kokosblütenzucker toppen. Kekse im Ofen (Mitte) 8–10 Minuten backen, herausnehmen und auf einem Kuchengitter auskühlen lassen. Nach Belieben mit Sesam und Orangenschale bestreuen.

Avocado-Matcha-Mousse
mit Macadamia-Crunch

Für 2–3 Portionen

Für die Mousse:
1 ½ essreife Avocados (etwa 400 g)
3 EL Kokosmilch (nur das Feste)
2 EL Kokosjoghurt
2 EL Cashewmuss (oder weißes Mandelmus)
4 ½ EL Ahornsirup
1 ½ TL Matchapulver
¼ TL gemahlene Vanille
2 EL Limettensaft
abgeriebene Schale von ½ Bio-Limette

Für den Macadamia-Crunch:
50 g geröstete, gesalzene Macadamianüsse
2 EL Ahornsirup
1 Msp. gemahlene Vanille

Für das Topping (pro Portion; nach Belieben):
1 EL Kokosjoghurt
½ TL Matchapulver, gesiebt
1 Bio-Limettenspalte

1 – Für die Mousse die Avocados vom Stein und aus den Schalen lösen und mit Kokosmilch, Kokosjoghurt, Nussmus, Ahornsirup, Matcha, Vanille, Limettensaft und -schale im Mixer fein pürieren (alternativ in ein hohes Gefäß geben und mit dem Stabmixer pürieren).

2 – Die Mousse in Gläser füllen und mindestens 4 Stunden, besser über Nacht, in den Kühlschrank stellen.

3 – Für den Macadamia-Crunch die Macadamianüsse grob hacken und in einer Pfanne ohne Fett bei mittlerer Hitze etwa 5 Minuten anrösten. Ahornsirup und Vanille dazugeben und die Nüsse karamellisieren lassen. Macadamia-Crunch auf einen Bogen Backpapier geben und mit einem Löffel etwas flach drücken. Abkühlen lassen und die Mousse zum Servieren damit toppen.

4 – Die Avocado-Matcha-Mousse nach Belieben mit Kokosjoghurt, Matchapulver und Limettenspalte garniert servieren.

Mousse au Chocolat mit Gewürzorangen

und Kekstopping

Für 2–3 Portionen

Für die Mousse:
3 Medjool-Datteln
100 g dunkle Schokolade
400 g Seidentofu
1 EL starker Espresso
Salz
100 ml Aquafaba (Kichererbsen-Einlegeflüssigkeit; die Kichererbsen z. B. für den Gekeimter Kichererbsen-Hummus von S. 100 verwenden)

Für das Kekstopping:
50 g gemahlene Mandeln (oder Haselnüsse)
1 ½ EL Ahornsirup
¼ TL Bourbon-Vanillepulver
1 EL natives Kokosöl
Salz

Für die Gewürzorangen:
2 Orangen
100 ml Orangensaft (aus den Resten der 2 Orangen pressen)
1 EL Kokosblütenzucker
1 kleine Zimtstange oder ½ TL gemahlener Zimt
3 Kardamomkapsel, leicht aufgeknackt, oder ¼ TL gemahlener Kardamom
1 Gewürznelke
etwas gemahlene Vanille

1 – Für die Mousse die Datteln 10 Minuten in heißem Wasser einweichen und entsteinen. Die Schokolade hacken und in einer Metallschüssel über dem heißen Wasserbad schmelzen.

2 – Den Seidentofu mit den Datteln fein pürieren. Während der Mixer läuft, die Schokolade in die Masse geben und weitermixen, bis eine sämige Masse entstanden ist. Espresso und 1 Prise Salz untermixen. In eine Schüssel geben.

3 – Das Aquafaba mit sauberem Schneebesen oder den Quirlen des Handrührgeräts so lange aufschlagen, bis eine festere weiße Masse entstanden ist, die Eischnee ähnelt. Unter die Tofu-Schoko-Masse heben. Die Mousse in Gläser füllen und 4–6 Stunden kühl stellen.

4 – Für das Kekstopping in einer Pfanne die Mandeln bei mittlerer Hitze unter ständigem Rühren anrösten. Ahornsirup, Vanille, Kokosöl und 1 Prise Salz dazugeben und 1–2 Minuten mitbraten, vom Herd nehmen und die Keksmischung auskühlen lassen.

5 – Für die Gewürzorangen die Orangen so großzügig schälen, dass auch die weiße Haut mit entfernt wird. Die Filets aus den Trennhäuten schneiden, dabei den abtropfenden Saft auffangen. Den Saft aus den Orangenschalen pressen. Den Orangensaft mit Kokosblütenzucker und Gewürzen bei mittlerer Hitze etwa 10 Minuten köcheln. Dann die Filets dazugeben, kurz mitköcheln lassen, vom Herd nehmen und 5 Minuten durchziehen lassen.

6 – Die Mousse au Chocolat mit Kekstopping und Gewürzorangen garnieren. Alternativ kann das Kekstopping auch mit der Mousse geschichtet werden.

Süßkartoffel-Schoko-Slice

Ergibt etwa 9 große Stück

Für die Süßkartoffel-Tahin-Schicht:
400 g Süßkartoffeln
100 ml Tahin (Sesammus)
60 ml Ahornsirup
50 ml Kokosmilch (oder andere pflanzliche Milch)
1 TL helle Misopaste oder Salz
½ TL gemahlene Vanille
1 Msp. gemahlene Kurkuma
¾ TL Agar-Agar

Für den Boden:
100 g Walnusskerne
100 g gemahlene Mandeln
50 g zarte Haferflocken
150 g Medjool-Datteln, entsteint
2 EL Ahornsirup (oder anderes flüssiges Süßungsmittel oder mehr Datteln und etwas mehr Wasser)
Salz
½ TL gemahlener Zimt

Für die Schokoladen-Ganache-Schicht:
150 g dunkle Schokolade
200 ml Kokosmilch
1 Msp. gemahlene Vanille

Für das Topping:
Maldon Salz (oder anderes flockiges Salz; nach Belieben)

1 – Für die Süßkartoffelschicht die Süßkartoffeln schälen, vierteln und in 200 ml Wasser etwa 20 Minuten weich garen.

2 – Inzwischen für den Boden Walnüsse, Mandeln, Haferflocken und Datteln im Mixer so lange pulsieren, bis eine bröckelige Masse entstanden ist. Ahornsirup, 1 Prise Salz und Zimt dazugeben. Mixer wieder anschalten und während er läuft, 1 EL warmes Wasser (oder etwas mehr, falls mehr Datteln statt Ahornsirup verwendet werden) dazugeben. Die Masse sollte sich gut verbinden.

3 – Eine Backform (etwa 23 x 23 cm) so mit Backpapier auslegen, dass der ganze Süßkartoffel-Slice nach dem Abkühlen herausgehoben werden kann. Die Nussmasse gleichmäßig in der Form verteilen und glatt drücken.

4 – Süßkartoffeln abgießen und mit Tahin, Ahornsirup, Kokosmilch, Misopaste oder 1 Prise Salz, Kurkuma und Vanille im Mixer glatt pürieren. Es sollen keine Stücke mehr enthalten sein. Das Agar-Agar in 100 ml Wasser glatt rühren, die Süßkartoffelmasse zurück in den Kochtopf geben und das angerührte Agar-Agar einrühren. Erhitzen, etwa 2 Minuten köcheln lassen und dabei ständig umrühren, damit keine Klumpen entstehen und nichts am Boden anbrennt.

5 – Die Süßkartoffelmasse auf den Nussboden geben, glatt streichen und etwa 1 Stunde in den Kühlschrank stellen.

6 – Inzwischen die Schokolade hacken, mit der Kokosmilch in einer Metallschüssel über dem heißen Wasserbad schmelzen und glatt rühren. Die Vanille untermischen und die Schokomischung auf die Süßkartoffelschicht geben. Weitere 2–3 Stunden oder über Nacht in den Kühlschrank stellen. Zum Servieren in Stücke schneiden und mit Salz bestreut servieren.

ICH VERWENDE AM LIEBSTEN TAHIN VON SEHR GUTER QUALITÄT. MEIN LIEBLINGSPRODUKT IST AUS ISRAEL.

Schoko-Salzkaramell-Trüffel

Ergibt 20–22 Trüffel
100 ml Kokosmilch
2 EL Kokosblütenzucker
1 EL Dattelsirup
½ TL helle Misopaste
Salz
160 g Mandelmus
40 g Ahornsirup
4 EL rohes Kakaopulver, plus 2–3 EL zum Wälzen

1 – In einem kleinen Topf Kokosmilch, Kokosblütenzucker, Dattelsirup, Misopaste und 1 große Prise Salz aufkochen und bei mittlerer Hitze etwa 10 Minuten köcheln lassen, bis die Flüssigkeit um die Hälfte reduziert ist. Vom Herd nehmen und kurz abkühlen lassen.

2 – Mandelmus, Ahornsirup und Kakao dazugeben und gut untermischen. Die Masse im Kühlschrank etwa 1 Stunde abkühlen lassen. Dann mit einem Teelöffel portionsweise etwas Masse abstechen, mit den Händen zu Bällchen formen und auf einen Teller legen.

3 – Die Bällchen im Kühlschrank, am besten über Nacht, kühl stellen. Kurz vor dem Servieren in Kakaopulver wälzen und sofort servieren. Die restlichen Trüffel bis zum Verzehr in einem Schraubglas im Kühlschrank aufbewahren. Sie halten etwa 1 Woche.

Heidelbeer-Cheesecake-Eis am Stiel

Ergibt 8 Stück

Für das Kekstopping:
6 EL gemahlene Mandeln
3 EL geröstete gehackte Nüsse nach Wahl (z. B. Mandeln oder Pistazien)
1 EL Ahornsirup
1 EL natives Kokosöl
¼ TL Bourbon-Vanillepulver
Salz

Für das Eis:
100–125 g Heidelbeeren (frisch oder TK)
1 EL Kokosblütenzucker
350 g stichfester Kokosjoghurt
100 g Kokosmilch (nur der feste Teil)
½ TL Bourbon-Vanillepulver (oder Mark von 1 Vanilleschote)
2–3 EL Ahornsirup
abgeriebene Schale von ½ Bio-Zitrone
1 Spritzer Zitronensaft

Außerdem:
8 Eis-am-Stiel-Förmchen
8 Holzstäbchen

1 – Für das Kekstopping die gemahlenen Mandeln und gehackten Nüsse in einer vorgeheizten Pfanne so lange rühren, bis sie eine goldene Farbe bekommen. Ahornsirup, Kokosöl, Vanille und 1 Prise Salz hinzufügen und vom Herd nehmen. Gut mischen, mit einem Löffel flach drücken und anschließend abkühlen lassen.

2 – Für das Eis die Heidelbeeren mit dem Kokosblütenzucker in einem kleinen Topf erhitzen, bis sie warm und etwas matschig sind. Es sollen aber noch vereinzelte Heidelbeeren ganz sein. Abkühlen lassen.

3 – Kokosjoghurt, Kokosmilch, Vanillepulver, Ahornsirup, Zitronenschale und -saft im Mixer oder mit dem Stabmixer mixen.

4 – In jedes Eis-am-Stiel-Förmchen 1 EL Heidelbeeren geben, danach die Käsekuchenmasse einfüllen und mit den Kekskrümmeln toppen. Diese etwas herunterdrücken. Die Holzstäbchen hineinstecken.

5 – Das Eis am Stiel mindestens 6 Stunden, besser über Nacht, in das Tiefkühlfach stellen.

Baklava-Kuchen
mit Erdbeeren

Die fruchtigen Erdbeeren, der Duft von Rosenwasser und Kardamom gepaart mit dem leicht nussigen Geschmack von Pistazien machen diesen einfachen Kuchen zu einem echten Traumdessert!

Für 1 Kuchen (22 cm Durchmessser)

Fett für die Form
2 EL Leinmehl (oder gemahlene Leinsamen)
200 g gemahlene Mandeln
80 g gemahlene Pistazien
3 gehäufte EL Dinkelmehl
1 ½ TL Backpulver
½ TL Natron
1 TL gemahlener Kardamom
Salz
100 ml Ahornsirup
70 ml Olivenöl
1 EL Rosenwasser
1 EL Apfelessig
220 g Erdbeeren
2 EL gehackte Pistazien

1 – Den Backofen auf 180 °C vorheizen. Eine Springform (22 cm Durchmesser) einfetten und gegebenenfalls mit Backpapier auslegen. In einer kleinen Schüssel Leinmehl mit 6 EL warmem Wasser verrühren und mindestens 10 Minuten andicken lassen.

2 – Mandeln, Pistazien, Dinkelmehl, Backpulver, Natron, Kardamom und 1 Prise Salz in einer Schüssel mischen. Ahornsirup, Öl, Rosenwasser und Essig zum »Leinei« geben, untermischen und die Mischung unter die trockenen Zutaten heben. Stehen lassen, bis die Erdbeeren geschnitten sind.

3 – Die Erdbeeren waschen, das Grün entfernen und Erdbeeren in etwa 1 cm dicke Ringe schneiden. Den Teig in die vorbereitete Form geben und glatt streichen, dann die Erdbeerscheiben auf den Teig legen und etwas hineindrücken. Die Pistazien über die Erdbeeren streuen und den Kuchen im Ofen (Mitte) 30–35 Minuten backen.

TIPP

Der Baklava-Kuchen sollte unbedingt kühl gelagert und rasch verzehrt werden, damit das Topping nicht verdirbt.

Saftiger Heidelbeer Crumble

Für 3 Portionen
500 g Heidelbeeren (TK; alternativ frische)
80 g zarte Haferflocken
40 g Buchweizen
40 g gehackte gemischte Nüsse (z. B. Macadamianüsse und Mandeln)
2 TL Chiasamen
2 EL Ahornsirup
3 EL Cashewmus
½ TL gemahlener Zimt
¼ TL gemahlene Vanille (nach Belieben)
Salz
1 TL Pfeilwurzelstärke (oder Mehl)
2 EL Zitronensaft
1 TL abgeriebene Bio-Zitronenschale
1–2 EL Kokosblütenzucker
¼ TL gemahlene Vanille (nach Belieben)
1 Dose Kokosmilch (nur der feste Teil)

1 – Die Heidelbeeren in eine ofenfesten Form (etwa 23 x 23 cm) geben und etwas antauen lassen. Den Backofen auf 170 °C vorheizen.

2 – Inzwischen für das Crumble-Topping in einer Schüssel Haferflocken, Buchweizen, Nüsse, Chiasamen, Ahornsirup, Cashewmus, Zimt, nach Belieben Vanille und 1 Prise Salz mischen.

3 – Die Heidelbeeren mit Pfeilwurzelstärke, Zitronensaft und -schale sowie Kokosblütenzucker mischen und das Crumble-Topping darauf verteilen. Den Heidelbeer-Crumble im Ofen (Mitte) etwa 20 Minuten backen.

4 – Den Heidelbeer-Crumble nach Belieben mit aufgeschlagener Kokossahne servieren. Dafür das Feste der Kokosmilch (am besten die Dose über Nacht in den Kühlschrank stellen, damit sich das Kokosfett oben ansammelt und sich vom Kokoswasser trennt) mit einem (elektrischen) Schneebesen so lange aufschlagen, bis eine feste Masse entstanden ist, die Sahne ähnelt. Nach Belieben mit etwas gemahlener Vanille verfeinern.

Rote-Bete-Schoko-Tarte mit Nussboden

Für 1 Tarte (26 cm Durchmesser)

Für den Boden:
Fett für die Form
100 g Walnusskerne
100 g Mandeln
50 g zarte Haferflocken
2–3 EL Ahornsirup
1 EL Kokosöl
1 TL gemahlener Zimt
Mark von ½ Vanilleschote
Salz

Für den Belag:
200 g dunkle Schokolade (85 % Kakaoanteil)
300 g gegarte, vakuumierte Rote Beten
1 EL Ahornsirup
2 EL Mandelmus
Mark von ½ Vanilleschote (oder ¼ TL Bourbon Vanillepulver)

Für das Topping:
dunkle Schokolade, geraspelt (nach Belieben)
Maldon Salz (nach Belieben)

1 – Den Backofen auf 180 °C vorheizen. Eine Backform einfetten und mit Backpapier auslegen.

2 – Für den Boden die Walnüsse, Mandeln und Haferflocken in der Küchenmaschine pulsieren, bis alles etwas zerkleinert ist. Dann Ahornsirup, Kokosöl, Zimt, Vanille und 1 Prise Salz dazugeben und zu einer kompakten Masse weitermixen.

3 – Die Nussmasse in die Form geben und mit der Hand flach drücken. Im Ofen (Mitte) etwa 10 Minuten backen, herausnehmen und abkühlen lassen.

4 – Für den Belag die Schokolade hacken und in einer Metallschüssel über dem heißen Wasserbad schmelzen. Die Roten Beten in kleine Stücke schneiden und mit Ahornsirup, Mandelmus und Vanille im Mixer pürieren, dabei nach Bedarf 1–2 EL Rote-Bete-Einlegesaft oder Wasser dazugeben.

5 – Während der Mixer läuft, die geschmolzene Schokolade einträufeln lassen und weitermixen, bis alles sämig ist. Die Rote-Bete-Schoko-Masse auf den vorgebackenen Boden geben, glatt streichen und die Tarte im Kühlschrank 3–4 Stunden auskühlen lassen. Zum Servieren nach Belieben mit Schokolade und Salz dekorieren.

Register

A

Ananas-Tofu-Spieße, gegrillte, auf lauwarmen Thai-Reisnudeln 142
Apfel-Kurkuma-Kraut 52
Aufstriche
Gekeimter Kichererbsen-Hummus mit Salzzitronenstückchen 100
Gerösteter Karotten-Walnuss-Aufstrich 101
Herbstliche Walnuss-Pilz-Pastete 99
Avocado-Matcha-Mousse mit Macadamia-Crunch 178
Avocado, Pickled 54

B

Baklava-Kuchen mit Erdbeeren 184
Birnen, in Ananassaft gebackene, mit Kokosjoghurt und Müsli 70
Bohnentoast, Frühlings- mit Bärlauch und Spargel 111
Brokkoli-Kuku mit Kräutern, Berberitzen und Walnüssen 150
Brokkoli-Quinoa-Bowl mit Kurkuma-Tahin-Dressing 154
Brombeer-Basilikum-Smoothie 62
Brot, geröstetes, mit Cashew-Ricotta und Ofentomaten 103
Buchweizen-Hafer-Pancakes mit marinierten Brombeeren 81

C

Cashew-Ricotta 59
Cashew-Saure-Sahne 57
Chai-Mango-Kuchen, goldener 163
Cremige Miso-Ramen-Suppe 117
Cremige Zimt-Mandelmus-Latte mit Zichorienwurzelkaffee 67
Currypaste, milde 47

D

Drinks
Brombeer-Basilikum-Smoothie 62
Cremige Zimt-Mandelmus-Latte mit Zichorienwurzelkaffee 67
Goldener Süßkartoffel-Tahin-Shake 63
Heidelbeer-Lassi mit selbst gemachtem Kokosjoghurt 64
Kamillen-Rosen-Moonmilk 65
Zitrus Chia Fresca 66
Dukkah, Pistazien-Walnuss- 49

E

Eingelegte Oliven mit Walnüssen und Granatapfel 98
Eingelegte rote Zwiebeln 54
Eingelegte Salzzitronen 50
Eingelegter fermentierter Tofu-Feta 96
Erbsen-Stampf mit glasierter Aubergine und Tahin-Joghurt-Dressing 157

F

Fenchel, gegrillter, auf Zitrusalat 134
Fermentierter Walnusskäse 59
Frühlings-Bohnentoast mit Bärlauch und Spargel 111
Frühlingscurry, supergrünes, mit Brokkoli und Erbsen 145

G

Ganzer gerösteter Knoblauch 50
Gebackenes Obst nach Saison mit crunchy Kokos-Hanf-Rawnola 73
Gegrillte Ananas-Tofu-Spieße auf lauwarmen Thai-Reisnudeln 142
Gegrillte Zucchini mit weißen Bohnen und Hanf-Basilikum-Dressing 137
Gegrillter Fenchel auf Zitrussalat 134
Gekeimter Kichererbsen-Hummus mit Salzzitronenstückchen 100
Gekeimtes Mungbohnen-Dal 125
Geröstete Rote-Bete-Suppe mit Blumenkohlchips und würzigem Nusstopping 122
Gerösteter Karotten-Walnuss-Aufstrich 101

Geröstetes Brot mit Cashew-Ricotta und Ofentomaten 103
Geschmorter Lauch mit Zitrus-Kräuter-Vinaigrette und Tofu-Feta 112
Goldene Misosuppe mit Tofu, schwarzen Reisnudeln und Pak Choi 121
Goldener Chai-Mango-Kuchen 163
Goldener Süßkartoffel-Tahin-Shake 63
Granola, zuckerfreies 78
Gurkensalat, lauwarmer 129

H

Heidelbeer-Cheesecake-Eis am Stiel 183
Heidelbeer-Crumble, saftiger 186
Heidelbeer-Lassi mit selbst gemachtem Kokosjoghurt 64
Heilende Pilzbrühe 46
Herbstliche Walnuss-Pilz-Pastete 99
Herzhaft-süßes Kürbis-Tahin-Brot 93
Herzhafte grüne Pfannkuchen mit Avocado und Tofu-Feta 90

I

In Ananassaft gebackene Birnen mit Kokosjoghurt und Müsli 70

J

Jackfrucht »Ceviche« mit Ananas und eingelegten roten Zwiebeln 104
Jackfrucht-Ragout auf Süßkartoffel-Naan 153

K

Kamillen-Rosen-Moonmilk 65
Karotten-Walnuss-Aufstrich, gerösteter 101
Kartoffelpizzen, sommerliche, mit Zucchini-Kräuter-Topping 149
Kernige Schokoriegel 171
Kichererbsen-Brownies 172
Kichererbsen-Hummus, gekeimter, mit Salzzitronenstückchen 100
Kichererbsen-Omelett mit Knoblauch-Grünkohl 86
Kimchi-Tofu-Rührei 85
Kimchi, mein Lieblings- 53
Knoblauch, ganzer gerösteter 50
Kokos-Furikake mit schwarzem Sesam 49
Kokosjoghurt, selbst gemachter 57
Kürbis-Tahin-Brot, herzhaft-süßes 93
Kurkuma-Chai-Gewürz 47
Kurkuma-Chai-Porridge 69

L

Lauch, geschmorter, mit Zitrus-Kräuter-Vinaigrette und Tofu-Feta 112
Lauwarmer Gurkensalat 129

M

Mein Lieblings-Kimchi 53
Milde Currypaste 47
Miso-Ramen-Suppe, cremige 117
Misosuppe, goldene, mit Tofu, schwarzen Reisnudeln und Pak Choi 121
Mousse au Chocolat mit Gewürzorangen und Kekstopping 179
Mungbohnen-Dal, gekeimtes 125
Müslikekse 82

N

No-Bake Mini-Limetten-Cheesecakes 167

O

Obst nach Saison, gebackenes, mit crunchy Kokos-Hanf-Rawnola 73
Oliven, eingelegte, mit Walnüssen und Granatapfel 98
Orangen-Kardamom-Cookies mit Tahin 176

P

Pastinakenpüree mit Ofenkürbis und Harissa-Knoblauch-Linsen 158
Petersilienwurzelsuppe mit geröstetem Knoblauch 118
Pfannkuchen, herzhafte grüne, mit Avocado und Tofu-Feta 90
Pickled Avocado 54
Pilzbrühe, heilende 46
Pistazien-Walnuss-Dukkah 49
Porridge-Auflauf mit Heidelbeeren und Äpfeln 77

R

Ratatouille-Shakshuka 89
Rote-Bete-Carpaccio auf Cashew-Ricotta mit Pistazien-Minz-Pesto 126
Rote-Bete-Schoko-Tarte mit Nussboden 187

Rote-Bete-Suppe, geröstete, mit Blumenkohlchips und würzigem Nusstopping 122
Rote-Linsen-Penne mit orientalischem Paprikapesto 141

S

Salate
- Gegrillter Fenchel auf Zitrussalat 134
- Lauwarmer Gurkensalat 129
- Warmer Topinambur-Salat mit Haselnüssen 130
- Wintersalat mit Roter Bete, Birnen und Trauben 133

Saftiger Heidelbeer-Crumble 186
Salzzitronen, eingelegte 50
Sandwich mit gerösteter Roter Bete und Apfel-Kurkuma-Kraut 107
Schoko-Bananen-Kuchen mit Haselnussmus-Swirls 168
Schoko-Birnen-Overnight-Oats mit Ingwer 74
Schoko-Salzkaramell-Trüffel 182
Schokoriegel, kernige 171
Selbst gemachter Kokosjoghurt 57
Sommerliche Kartoffelpizzen mit Zucchini-Kräuter-Topping 149
Supergrünes Frühlingscurry mit Brokkoli und Erbsen 145
Suppen
- Cremige Miso-Ramen-Suppe 117
- Geröstete Rote-Bete-Suppe mit Blumenkohlchips und würzigem Nusstopping 122
- Goldene Misosuppe mit Tofu, schwarzen Reisnudeln und Pak Choi 121
- Heilende Pilzbrühe 46
- Petersilienwurzelsuppe mit geröstetem Knoblauch 118

Süßkartoffel-Naan 108
Süßkartoffel-Schoko-Slice 180
Süßkartoffel-Tahin-Shake, goldener 63

T

Tofu-Feta, eingelegter fermentierter 96
Gerösteter Topinambur mit Haselnüssen und Thymian 130

V

Vanille-Mandel-Kekse, weiche 175
Vanilletarte mit Rhabarber und Pistazien-Crunch 164
Vollkornlinguine mit ofengeschmorten Tomaten und Gremolata 138

W

Walnuss-Pilz-Pastete, herbstliche 99
Walnusskäse, fermentierter 59
Warmer Topinambur-Salat mit Haselnüssen 130
Weiche Vanille-Mandel-Kekse 175
Wintergemüse in cremigem Kurkuma-Kokos-Sud 146
Wintersalat mit Roter Bete, Birnen und Trauben 133
Würzpaste 46

Z

Zimt-Mandelmus-Latte, cremige, mit Zichorienwurzelkaffee 67
Zitrus Chia Fresca 66
Zucchini, gegrillte, mit weißen Bohnen und Hanf-Basilikum-Dressing 137
Zuckerfreies Granola 78
Zwiebeln, eingelegte rote 54